네이티브의 눈으로
다시 배우는
티처조의 영어식 사고 수업

초판 1쇄 발행 2025년 9월 25일
초판 2쇄 발행 2025년 10월 15일

지은이 조찬웅, Coleen Dwyer
발행인 김태웅
편집 황준, 안현진
디자인 싱타디자인
마케팅 총괄 김철영
마케팅 서재욱, 오승수
온라인 마케팅 이송인
인터넷 관리 김상규
제작 현대순
총무 윤선미, 안서현, 문송이
관리 김훈희, 이국희, 김승훈, 최국호

발행처 (주)동양북스
등록 제 2014-000055호
주소 서울시 마포구 동교로22길 14 (04030)
구입 문의 전화 (02) 337-1737 팩스 (02) 334-6624
내용 문의 전화 (02) 337-1739 이메일 dymg98@naver.com

ISBN 979-11-7210-133-6 13740

ⓒ 2025, 조찬웅, Coleen Dwyer

이 책은 저작권법에 의해 보호받는 저작물이므로 무단 전재와 무단 복제를 금합니다.
잘못된 책은 구입처에서 교환해드립니다.
(주)동양북스에서는 소중한 원고, 새로운 기획을 기다리고 있습니다.

http://www.dongyangbooks.com

네이티브의 눈으로 다시 배우는

티쳐죠의 영어식 사고 수업

Teacher Joe

생각 전환
어휘 × 문장 훈련

TRAINING 100

조찬웅, Coleen Dwyer 지음

동양북스

머리말

스무 살 이후라도,
한국에서 영어식 사고는 충분히 가능합니다.

저 역시 오랫동안 같은 벽을 마주했습니다. 단어장은 닳고, 토익 문제집은 쌓였으며, 미드 대사까지 외웠지만 대화의 순간이 오면 입은 쉽게 열리지 않았습니다. 서너 마디 후엔 대화가 끊기곤 했고, '나는 언어 재능이 없나?', '스무 살이 넘어서 영어를 잘하는 건 불가능한가?'라는 의심이 커졌습니다.

그러나 시간이 지나 알게 되었습니다. 문제는 능력이 아니라 경로였습니다. 우리는 말할 때 습관적으로 한국어로 먼저 생각하고, 그다음에 영어로 옮깁니다. 머릿속 번역기가 계속 돌아가면 말은 느려지고, 생각은 얽히며, 뉘앙스는 흐려집니다. 해결은 명확했습니다. **한국어 경유지를 거치지 않고 영어를 영어로 받아들이는 사고 습관**, 즉 '영어식 사고'로의 전환입니다.

저는 학습 방식을 완전히 바꿨습니다. 단어를 1:1로 대응하는 대신, 영어 안에서의 의미와 작동 방식으로 이해했습니다. 예를 들어, popular를 '인기 있는'이 아니라 **be liked by many people**이라는 이미지로 받아들였고, as soon as도 '~하자마자'로 번역하지 않고 **almost at the same time**이라는 감각으로 익혔습니다. 말할 때도 마찬가지입니다. '돈에 관심 없어요'라는 생각을 표현할 때, I'm not interested in money.라는 한 가지 답에 갇히지 않고, 상황에 따라 **I don't care about money.**와 같은 원어민의 사고에 맞는 표현을 찾아 구사하게 되었습니다. 그때부터 읽기, 듣기, 쓰기, 말하기의 속도와 정확도가 동시에 달라졌고, 무엇보다 표현 사이의 미세한 차이까지 보이기 시작했습니다.

이 책은 그 전환을 가장 효율적으로 돕기 위해 만들어졌습니다. 동서양의 차이를 나열하는 이론서도, 문장을 끝없이 모아 놓은 표현집도 아닙니다. **머릿속 언어를 바꾸는 연습**으로 감각을 열고, **원어민의 시선**으로 원리를 이해하며, **문장 → 대화 → 장면 → 내 문장**으로 이어지는 짧은 루틴을 반복해 사고를 굳히도록 설계했습니다. 바쁜 성인 학습자도 매일 짧게, 그러나 꾸준히 축적할 수 있도록 구성했습니다. 함께 제공하고 있는 강의와 함께 학습 리듬을 안정적으로 이어갈 수도 있습니다.

축구를 축구로 배우고, 운전을 운전으로 배우듯 **영어도 영어 자체로 배울 수 있습니다**. 이 책은 번역의 경유지를 지우고, 생각에서 입까지 직결되는 회로를 설계합니다. 페이지를 따라가다 보면, 외워 둔 한 줄을 꺼내는 대신 상황이 먼저 서고 문장이 뒤따르는 감각이 자리 잡을 것입니다. 그래서 책을 덮을 즈음 여러분은 '정답 문장'을 떠올리는 사람이 아니라, 맥락에 맞는 말을 고르는 사람이 되어 있을 것입니다. 읽기와 듣기의 속도는 가벼워지고, 말하기와 쓰기에서는 주저함이 줄어듭니다. **번역의 습관을 벗고 영어를 영어답게 받아들이는 길**, 스무 살 이후의 우리도 충분히 갈 수 있습니다.

마지막으로, 이 책이 세상에 나오기까지 함께해 주신 러너블 팀원분들께 진심으로 감사드립니다. 기획을 이끌어주신 황현지 매니저님, 자연스러운 번역을 더해주신 조아름 티처님, 그리고 완성도를 높여주신 Kayla 티처님께 깊은 감사를 전합니다.

영어식 사고에 대한 3가지 오해

1 영어식 사고는 영어권 국가에 살아야만 기를 수 있다.

많은 이들이 영어를 잘하려면 영어권 국가에 살아야 한다고 생각합니다. 돈, 시간, 체력이 충분하다면 좋은 선택지일 수 있습니다. 하지만 현실은 다르죠. 그래서 우리는 '영어권 국가'라는 개념을 '영어 환경'으로 바꿔 생각해야 합니다. 물리적으로는 한국에 있어도, 언어적으로는 영어권에 사는 것과 같은 환경을 충분히 만들 수 있습니다.

저는 아침 7시 30분에 영어 팟캐스트를 들으며 일어납니다. 스트레칭할 때는 해외 유튜버 영상을 틀어놓고, 영자 신문으로 주요 사건들을 훑습니다. 업무가 시작되는 오전 9시에는 미국인 동료 두 명과 가볍게 이야기를 나눕니다. 그 후에는 영어 뉴스레터 세 편을 읽고 필요한 원서를 수시로 발췌해 보죠.

이제 묻겠습니다. 저는 지금 한국에 살고 있나요, 아니면 영어권 국가에 살고 있나요? 물리적으로는 분명 한국에 있지만, 언어적으로는 영어권에 가깝습니다. 하루 중 상당 시간을 영어로 읽고, 듣고, 쓰고, 말하며 채우고 있기 때문입니다. 영어식 사고는 바로 이런 과정에서 자라납니다.

결국, 영어식 사고는 물리적인 장소에 달린 것이 아니라, **나만의 환경을 어떻게 만들어 가느냐**에 달려 있습니다. 한국에서도 충분히 영어식 사고를 기를 수 있으며, 이는 전적으로 본인의 **마음가짐과 노력에 달려 있습니다.**

2 영어식 사고는 어릴 때 배워야 한다

어릴 때 영어를 배우면 습득 속도가 빠르고 발음이 유연하다는 점은 분명한 사실입니다. 하지만 이는 성인에게 불리하기만 한 것은 아닙니다. 성인만이 누릴 수 있는 강력한 장점들이 있으니까요. 이 책을 읽는 독자분들 대부분은 이미 스무 살이 넘었을 것입니다. 이제는 성인으로서의 강점을 최대한 활용해야 할 때입니다.

첫째, 성인은 영어를 배우는 목적이 명확합니다. 여행, 취업, 이민 등 뚜렷한 목표가 있기에, '얼마나, 어떻게, 언제까지' 공부할지 구체적인 계획을 세우고 실행할 수 있는 힘이 있습니다. 바로 이 **계획 수립과 실행력**이 영어를 빠르고 효율적으로 배우는 데 결정적인 역할을 합니다.

둘째, 성인은 맥락을 파악하는 능력이 뛰어납니다. 모국어 기반이 탄탄하여 상황을 빠르게 이해하고, 추상적인 설명을 쉽게 소화합니다. "아, 이런 상황에서 이렇게 쓰는구나" 하고 바로 깨달을 수 있죠. 사회 경험을 통해 쌓인 문화적 이해력 또한 성인에게만 있는 큰 강점입니다.

나이를 거꾸로 되돌릴 수는 없습니다. 하지만 남은 시간을 생각하면, 나이를 탓하기에는 아직 이릅니다. **영어식 사고를 기르기에 결코 늦지 않았습니다.** 지금 이야말로 성인으로서의 장점을 살려 효율적으로 영어를 습득할 최적의 시기입니다.

3 영어식 사고는 언어적 재능이 있어야 가능하다

언어에 뛰어난 재능을 가진 사람이 있다는 사실은 부인할 수 없습니다. 타고난 발음과 리듬감으로 단기간에 원어민처럼 말하거나, 문화적 감수성이 뛰어나 스스로 영어식 사고를 터득하는 사람도 분명히 존재합니다. 하지만 대부분의 우리는 그런 사람과 자신을 비교하며 좌절하기 쉽습니다.

우리가 영어를 배우는 이유는 특별한 재능이 필요한 수준이 아닙니다. 국제회의 통역사나 영어계의 '손흥민'이 되려는 것이 아니기 때문입니다. 우리가 정말 원하는 목표는 이 정도일 것입니다.

- 내 생각을 외국인에게 편하게 말하기
- 영어 미팅에 스크립트 없이 참여하기
- 영어권 국가에서 아이와 한 달 살아보기

이런 목표를 이루는 데 '재능'이라는 거창한 것을 끌어다 쓸 필요는 없습니다. **영어식 사고는 올바른 방향으로 꾸준히 시간을 투자하면 누구나 얻을 수 있는 능력**입니다. 재능이 없어도 충분히 가능합니다. 그러니 이제부터 '재능 걱정'은 머릿속에서 완전히 지워버리십시오. 오늘부터 이 책과 함께 시작하세요.

영어식 사고를 익혀야 하는 3가지 결정적 이유

1 생각이 영어로 흐르면, 표현이 자유로워진다

성인이 되어 영어를 배우면 누구나 자연스럽게 한국어에 기대게 됩니다. 익숙하고 편하기 때문입니다. 그러나 여기에 지나치게 의존하면 문제가 생깁니다. 바로 **번역의 틀에 갇혀 버리는 것**입니다. 처음에는 단어 뜻을 외우고 문장을 한국어로 번역해 가며 공부하는 방식이 그럴듯해 보입니다. 하지만 시간이 지날수록 한계가 드러납니다. 한국어가 먼저 떠올라야 영어가 나오니 말하기는 느려지고 표현은 어색해집니다. 읽기와 듣기도 속도가 붙지 않습니다.

더 근본적인 문제는 번역 의존이 사고 자체를 제한한다는 데 있습니다. 예를 들어, 한국어의 '정들다'라는 표현은 영어에서 grow on, feel at home, get attached처럼 다양한 맥락으로 나뉘어 표현됩니다. 그런데 한국어 표현 하나에만 매달리면 그에 정확히 대응되는 영어가 떠오르지 않아 말이 막히게 됩니다. 결국 한국어 중심의 사고는 영어 표현의 가능성을 좁혀 버립니다.

해법은 단순합니다. 바로 영어식 사고를 익히는 것입니다. 한국어 번역을 거치지 않고, 영어의 프레임을 먼저 떠올리는 훈련입니다. **상황을 있는 그대로 받아들이고 영어로 표현하는 것**이 핵심입니다. 예를 들어 이렇게 말할 수 있습니다. At first it was awkward, but now I feel at home.(처음에는 어색했지만, 지금은 편안하게 느껴집니다.) 굳이 '정들다'라는 한국어를 떠올리지 않아도 충분히 의미가 전달됩니다. 또 It didn't appeal to me at first, but it grew on me over time.(처음에는 마음에 들지 않았지만, 시간이 지나면서 점점 좋아졌습니다.) 이나 I might not love it yet, but I like it more than before.(아직 완전히 좋아하는 것은 아니지만, 전보다는 확실히 좋아졌습니다.)처럼 맥락에 따라 다양한 방식으로 확장할 수도 있습니다. 이것이 바로 영어식 사고 훈련입니다. **단어와 표현을 한국어 뜻으로만 외우는 것이 아니라, 영어 안에서 의미를 풀어 이해하는 방식**입니다. 이렇게 저장된 문장은 필요할 때 훨씬 더 쉽게 응용할 수 있습니다. 한국어의 영향을 받지 않기 때문에 말은 더 빨라지고, 표현은 더 자연스러워집니다.

2 영어식 사고를 익히면 속도가 달라진다

영어를 들을 때 말이 너무 빨라 따라가기 힘들고, 정작 말하려 하면 내 말이 느려 답답했던 경험, 혹시 없으신가요? 많은 분들이 공감하는 이 답답함의 근원은 바로 머릿속에서 영어를 한국어로 번역하는 습관 때문입니다. 외국어는 그 자체로도 처리 속도가 느린데, 이것을 다시 모국어로 번역하는 복잡한 과정을 거치니 속도가 더딜 수밖에 없죠.

하지만 영어식 사고를 장착하면, 모든 것이 달라집니다. 머릿속에 번역기를 거치지 않고 영어를 **있는 그대로 받아들이고 내뱉을 수 있기 때문입니다.**

예를 들어 for now라는 표현을 떠올려볼까요? 우리는 이 말을 보통 '우선은', '현재로는', '당분간은'이라고 외웁니다. 하지만 영어식 사고로 접근하면, 이 표현은 '나중에 바뀔 수도 있는 상황'을 하나의 이미지로 담고 있습니다. 이제 for now라는 말을 들으면 '나중에 바뀔 가능성'이라는 핵심 의미를 바로 이해하고 다음 문장으로 넘어갈 수 있게 됩니다. 일일이 한국어 단어를 떠올리며 번역할 필요가 사라지는 거죠.

이 원리는 말하기에서도 강력한 힘을 발휘합니다. "우선은 부모님과 함께 살고 있다"고 말하고 싶다면, 머릿속에서 '우선은'이라는 단어를 찾을 필요 없이, 앞으로 상황이 바뀔 수도 있다는 느낌 그대로 I'm just living with my parents for now. 라고 자연스럽게 말할 수 있습니다.

이처럼 영어식 사고를 익히는 것은 단순히 몇 개의 단어나 문장을 더 외우는 일이 아닙니다. 영어의 핵심 원리를 깨우쳐 읽기, 듣기, 말하기, 쓰기 모든 과정에서 속도를 극적으로 높이고, **생각하는 즉시 영어를 내뱉는 자유로움을 선물합니다.** 더 이상 언어의 장벽에 갇히지 않고, 진짜 영어를 시작하는 가장 확실하고 빠른 방법입니다.

3 뉘앙스를 파악하고, 언제 쓸 줄 아는 감각이 생긴다

단순히 아는 것과 '쓸 줄 아는 것'은 완전히 다른 차원의 문제입니다. 뉘앙스를 이해한다는 건, 어떤 단어를 언제, 어떤 상황에서 써야 하는지에 대한 감각이 따라온다는 뜻입니다. 수많은 문장을 외워도 정작 입 밖으로 잘 나오지 않는 이유가 바로 여기에 있습니다. 머릿속에만 맴돌 뿐, 정작 필요할 때 꺼내 쓰지 못하고 결국 묵혀두게 되는 거죠.

하지만 영어식 사고를 장착하면, 이 감각은 자연스럽게 습득됩니다. 영어를 한국어 단어의 뜻으로만 이해하는 게 아니라, **그 단어가 가진 근본적인 의미와 활용 맥락을 통째로 받아들이기 때문입니다.**

예를 들어볼까요? 무언가를 '설명하는' 상황이 닥쳤을 때, 기계적으로 단어를 외운 사람은 오직 explain만 떠올립니다. 물론 틀린 표현은 아니지만, 대화는 단조로워지고 유연한 표현은 불가능해집니다.

반면 영어식 사고에 익숙한 사람은 같은 상황에서 show를 자연스럽게 씁니다. 영어식 사고에서 show는 to make something clear by giving examples or evidence(예시나 증거를 들어 무언가를 명확하게 설명하는 것)로 정의되기 때문입니다. 즉, '보여주다'라는 1차원적인 의미를 넘어, '상대를 납득시키는 설명'이라는 더 넓은 맥락을 이해하게 되는 것입니다.

이 작은 차이가 영어 실력 전체에 엄청난 변화를 가져옵니다. 억지로 외운 문장이 머릿속에 갇혀 있을 때, 영어식 사고로 익힌 표현은 마치 살아있는 언어처럼 **'아, 지금이 바로 이 표현을 쓸 때구나!'**라는 직관적인 감각과 함께 떠오릅니다. 그렇게 영어가 영어로 생각나고, 그 자리에서 막힘없이 자유롭게 표현할 수 있게 되는 겁니다.

책의 구성과 특징

영어식 사고를 가장 효과적으로 기르기 위해 두 단계로 구성했습니다. 이론과 훈련을 함께 경험할 수 있도록 설계한 최적의 과정입니다.

머릿속 언어 바꾸기

이 말, 영어로 뭐라고 할까요?

주어진 상황에서 떠오르는 대로 자연스럽게 영어 문장을 써보세요. 정답 여부는 전혀 중요하지 않습니다. 이 과정은 영어식 사고를 배우기 전과 후의 변화를 확인하는 기준이 됩니다.

Teacher Joe's Tip

영어식 사고 훈련의 워밍업 단계입니다. 한국어와 영어의 차이를 이해하고, 영어만의 고유한 뉘앙스를 파악합니다. 티처조의 노하우를 통해 영어식 사고의 시선을 함께 익혀 갑니다.

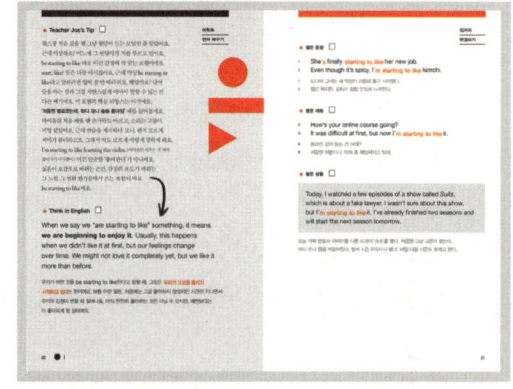

Think in English

영어식 사고의 핵심을 영어로 설명하는 코너입니다. 영영사전식 정의가 아니라 원어민이 실제로 느끼는 영어식 사고를 보여줍니다. 한국어 필터를 거치지 않고 영어를 있는 그대로 받아들이도록 돕습니다.

저자의 강의를 통해 유튜브에서 직접 가이드를 받을 수 있습니다.

입까지 연결하기

짧은 문장

영어식 사고가 담긴 짧은 문장을 연습합니다. 간결하고 명확한 문장으로 구성해 학습 부담을 줄였으며, 배운 내용을 곧바로 실전에서 활용할 수 있습니다.

짧은 대화

맥락은 두 문장부터 시작됩니다. 맥락 속에서 익힌 영어식 사고는 쉽게 잊히지 않습니다. 실제 원어민의 대화를 담았기에 곧바로 활용해도 손색이 없습니다.

짧은 상황

영어식 사고를 상황과 연결하면 훨씬 생생하게 기억됩니다. 직접 겪은 듯한 몰입감 속에서 영어식 사고와 가까워집니다. 세 문장으로 이루어진 글을 통해 영어식 사고가 자연스럽게 확장됩니다.

한 번 해볼까요?

영어식 사고를 직접 써보며 마무리하는 단계입니다. 스스로 고민하는 과정에서 사고가 자라고 깊어집니다. 모범 답안을 보기 전에 반드시 혼자 힘으로 먼저 시도해 보세요.

* 이 책의 번역은 자연스러운 우리말을 지향합니다. 직역이 꼭 필요한 경우가 아니라면 영어와 한국어를 일대일로 대응시키지 않았습니다. 영어와 한국어를 분리해, 영어식 사고를 연습할 수 있도록 한 의도적인 선택입니다.

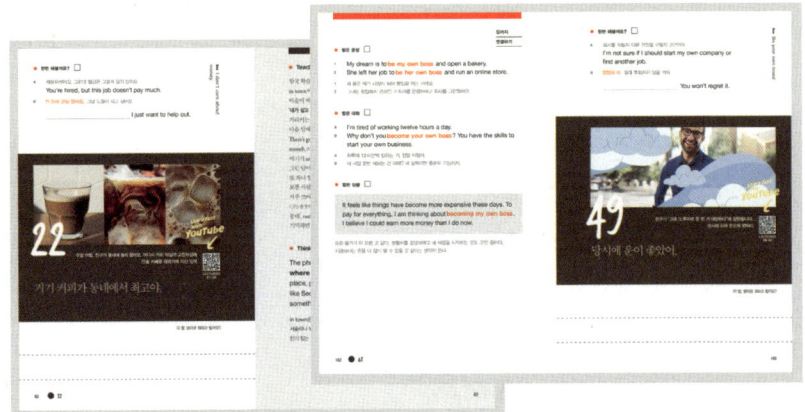

차례

머리말	4
영어식 사고에 대한 3가지 오해	6
영어식 사고를 익혀야 하는 3가지 결정적 이유	9
책의 구성과 특징	12

1	드디어 헬스장에 정들었나 봐.	19
2	저 사실 SNS 안 해요.	22
3	커피 원두 어딨어요?	25
4	반응이 영 시원찮은데.	28
5	엄마는 매운 음식을 못 드셔.	31
6	음식이 싱거운 것 같아.	34
7	부럽다.	37
8	이력서가 흥미롭더군요.	40
9	올린 지 얼마 안 된 영상이야.	43
10	기다리지 말고 먼저 자.	46
11	난 캠핑을 별로 안 좋아해.	49
12	분명히 다른 방법이 있을 거예요.	52
13	이러다 예약이 취소되겠어.	55
14	저보고 알아서 하래요.	58
15	더 이상 방법이 없어.	61
16	이제 현금은 안 들고 다녀요.	64
17	네 졸업 앨범은 언제 보여줄 거야?	67
18	혹시 모르니까요.	70
19	카페에서 만나기로 했잖아.	73
20	문자 보내자마자 바로 전화가 왔어.	76

21	전 돈에 관심 없어요.	79
22	거기 커피가 동네에서 최고야.	82
23	그런다고 내 마음은 변하지 않아요.	85
24	우린 30분 뒤에 출발할 거야.	88
25	정말 감사해요.	91
26	재택근무 하면 삶이 한결 편해져.	94
27	결혼은 해도 그만 안 해도 그만이야.	97
28	토요일에 시간이 될지 모르겠어.	100
29	난 일요일에 늦잠 자는 걸 좋아해.	103
30	실패에 좀 더 익숙해지려고요.	106
31	죄송하지만, 거절해야 할 것 같아요.	109
32	꼭 지금 해야 돼?	112
33	전기차가 점점 대중화되고 있는 것 같아요.	115
34	꼭 되도록 해볼게요.	118
35	나는 입어보지 않고는 바지 절대 안 사.	121
36	서울에 살 엄두가 안 나.	124
37	일이 꼬일 때도 있는 법이니까.	127
38	전화해야겠네요.	130
39	한국 억양은 절대 사라지지 않아.	133
40	지금은 서로 시간을 갖는 게 좋겠어.	136
41	내 코는 엄마 코 닮았어.	139
42	싸게 샀어.	142
43	셔츠에 소스 묻었어.	145
44	둘이 만난 지 얼마나 됐어요?	148
45	너 사진 잘 찍더라.	151
46	휴대폰 알람 없으면 못 일어나.	154
47	카페 몇 시까지 영업해요?	157

48	창업해 봐!	160
49	당시에 운이 좋았어.	163
50	자, 이렇게 해보자.	166
51	내 책 9월에 나와.	169
52	그 이유를 설명해 드릴게요.	172
53	아이를 갖는 사람의 수가 줄고 있어.	175
54	30대가 될 때까지는 커피를 좋아하지 않았어요.	178
55	그런 얘기 많이 들어요.	181
56	제일 먼저 알려줄게.	184
57	관계는 힘든 법이지.	187
58	나는 작심삼일이야.	190
59	알아두면 좋겠네요.	193
60	엄마는 누구 하나만 좋아하지 않아.	196
61	아직 갈 길이 멀어요.	199
62	양말 거기 두지 말랬지?	202
63	우리 너무 대충 입고 온 것 같아.	205
64	세탁기가 전부 사용 중이라 기다려야 했어.	208
65	솔직히 다시 네 나이로 돌아가고 싶어.	211
66	뭔가 잘못됐을 때 나는 알 수 있어.	214
67	이 뮤지션들은 잘 몰라.	217
68	가끔 도와주는 건 괜찮은데 항상 그러지는 않아.	220
69	다른 사람한테 넘어갔어.	223
70	그 일은 어렵지만 할 수 있다고 생각해요.	226
71	두유가 건강에 좋을까?	229
72	우리는 점심 먹으면서 연봉 인상에 관해 얘기했어요.	232
73	그냥 타고난 거 같아.	235
74	너 출근하기 전에 잠깐 얘기 좀 하고 싶어서.	238

75	역시나 이 카페에 자리가 하나도 없네.	241
76	이건 우리 계획에 없던 일이었어.	244
77	샌드위치가 이상해.	247
78	매일 먹을 수도 있겠어요.	250
79	나는 오후 5시에 일을 마쳐.	253
80	개 뒤처리를 안 하셨네요.	256
81	이 프로젝트가 성공하도록 최선을 다할게.	259
82	그 영상 진짜 공감돼.	262
83	전부 가격이 같나요?	265
84	뭘 좀 찾다가 이걸 발견했어.	268
85	잠깐 자리 좀 비켜줄래요?	271
86	이거 이케아 가구는 아니지?	274
87	넷플릭스에서 F1 경기 같은 것도 보여주나?	277
88	스포츠에 관심 없어.	280
89	무슨 말을 해야 할지 한참 고민했어.	283
90	이 앱 무료로 쓸 수 있다는 게 맞아?	286
91	다시 얼리면 상할 거야.	289
92	이 사이에 뭐 낀 거 없나 보려고.	292
93	빵 터졌어.	295
94	와이파이와 조식은 객실 요금에 포함돼 있어요.	298
95	가끔 보면, 나도 모르게 폰 화면만 한참 들여다보고 있네.	301
96	그는 정리에 진심이야.	304
97	서울재즈페스티벌 티켓을 겨우 구했어.	307
98	이상하게도 오늘따라 너무 피곤했어.	310
99	문제는 이번 주말에 문을 안 여는 것 같아.	313
100	보통 Zipcar 이용하는데, 진짜 좋아.	316

MP3
다운로드&듣기

HOW DO YOU SAY THIS IN ENGLISH?

한국말을 영어로 옮길 때, 딱 10초만 생각하고 말해 보세요.

운동 끝나고 숨 헐떡이며 나오는 친구. 헬스장 별로라더니 표정이 꽤 밝다? 그럴 때 하는 말

LECTURES 1-5

드디어 헬스장에 정들었나 봐.

이 말, 영어로 뭐라고 할까요?

● **Teacher Joe's Tip**

머릿속
언어 바꾸기

헬스장 처음 갔을 땐 그냥 쇳덩이 드는 모임인 줄 알았어요. 근데 이상하죠? 어느새 그 쇳덩이가 저를 부르고 있어요. be starting to like 바로 이런 감정에 딱 맞는 표현이에요. start, like? 뜻은 다들 아시잖아요. 근데 막상 be starting to like라고 말하려면 입이 잘 안 따라줘요. 왜일까요? 단어 뜻을 아는 것과 그걸 자연스럽게 이어서 말할 수 있는 건 다른 얘기예요. 이 표현의 핵심 뉘앙스는 이거예요. **'처음엔 별로였는데, 하다 보니 슬슬 좋아짐'** 예를 들어볼게요. 바이올린 처음 배울 땐 손가락도 아프고, 소리는 고양이 비명 같았어요. 근데 연습을 계속하다 보니, 왠지 모르게 재미가 붙더라고요. 그래서 저도 모르게 이렇게 말하게 돼요. I'm starting to like learning the violin. (바이올린 배우는 게 재미있어지기 시작했어.) 이건 단순한 '좋아한다'가 아니에요. 싫음이 호감으로 바뀌는 순간, 감정의 온도가 바뀌는 그 느낌. 그 변화 한가운데서 쓰는 표현이 바로 be starting to like예요.

● **Think in English**

When we say we "are starting to like" something, it means **we are beginning to enjoy it**. Usually, this happens when we didn't like it at first, but our feelings change over time. We might not love it completely yet, but we like it more than before.

우리가 어떤 것을 be starting to like한다고 말할 때, 그것은 우리가 그것을 즐기기 시작하고 있다는 뜻이에요. 보통 이런 일은, 처음에는 그걸 좋아하지 않았지만 시간이 지나면서 우리의 감정이 변할 때 일어나요. 아직 완전히 좋아하는 것은 아닐 수 있지만, 예전보다는 더 좋아하게 된 상태예요.

● 짧은 문장 □

1   She's finally starting to like her new job.
2   Even though it's spicy, I'm starting to like kimchi.

1   드디어 그녀는 새 직장이 마음에 들기 시작했다.
2   맵긴 하지만, 김치가 점점 맛있게 느껴진다.

● 짧은 대화 □

A   How's your online course going?
B   It was difficult at first, but now I'm starting to like it.

A   온라인 강의 듣는 건 어때?
B   처음엔 어렵더니, 이제 좀 재밌어지고 있어.

● 짧은 상황 □

Today, I watched a few episodes of a show called *Suits*, which is about a fake lawyer. I wasn't sure about this show, but I'm starting to like it. I've already finished two seasons and will start the next season tomorrow.

오늘 가짜 변호사 이야기를 다룬 드라마 '슈츠'를 봤다. 처음엔 그냥 그런가 했는데, 보다 보니 점점 재밌어졌다. 벌써 시즌 2까지 다 봤고, 내일 다음 시즌도 보려고 한다.

● 한번 해볼까요? ☐

A 오늘 아침엔 운동이 꽤 즐거웠어.
   I actually enjoyed my workout this morning.

B 잘됐네. 드디어 헬스장에 정들었나 보다.
   That's great. _____

Ans You're starting to like the gym.

저 사실 SNS 안 해요.

이 말, 영어로 뭐라고 할까요?

● **Teacher Joe's Tip**

머릿속
언어 바꾸기

SNS 한다고 영어로는 뭐라고 할까요? Do you do SNS? 처럼 떠오르셨다면 뭔가 이상하죠? 우리말에선 '하다/안 하다'가 자연스럽지만, 영어는 그걸 꼭 do로 표현하진 않아요. SNS를 '하다'고 할 때, 영어에서는 be on social media라고 합니다. 처음 들으면 이런 생각이 들 수도 있어요. 'on이라고? SNS 위에 있다는 말이야?' 하지만 이 on은 그냥 '위에 있는 상태'가 아닙니다. 계정만 있는 상태? 그 정도로 끝나지 않아요. **게시물 올리고, 좋아요 누르고, 댓글 달고, 이 모든 '활동 중'인 상태 전체**를 가리키는 표현이죠. 예를 들어, He hasn't been on social media for years.(그 사람 요즘 SNS 안 해.)라고 말할 수 있죠. 굳이 do나 use 같은 동사 없이도, 전치사 on 하나면 끝. 이게 바로 영어의 묘미예요. 다음부터는 문장에서 on을 볼 때 '얘가 뭘 하는 중'이지?' 하고 떠올려 보세요. 전치사가 영어식 사고의 문을 여는 열쇠일지도 모릅니다.

● **Think in English**

The phrase "be on social media" means that someone uses social media sites like Facebook, Instagram, or TikTok. It usually means **they have an account and often scroll, post, or interact with others**. If someone is not on social media, it means they don't have an account or don't use these apps.

be on social media라는 표현은 누군가가 Facebook, Instagram, TikTok 같은 소셜미디어 사이트를 사용한다는 뜻이에요. 보통 계정을 가지고 있고, 자주 스크롤을 하거나 게시물을 올리거나 다른 사람들과 소통한다는 의미예요. 누군가 be not on social media라면, 계정이 없거나 이런 앱들을 사용하지 않는다는 뜻이에요.

입까지
연결하기

● 짧은 문장 ☐

1   I have to **be on social media** for work.
2   I used to **be on social media** all the time, but I quit last year.

1   일 때문에 SNS를 해야 해요.
2   예전에는 항상 SNS를 했는데, 작년에 끊었어요.

● 짧은 대화 ☐

A   I tried to find you on Instagram, but I couldn't.
B   Oh yeah, I**'m** not **on social media** anymore. I deleted all my accounts last year.

A   너 인스타에서 찾아봤는데, 안 나오더라.
B   아, 나 이제 SNS 안 해. 작년에 계정 다 삭제했어.

● 짧은 상황 ☐

I met a former classmate today who wanted to catch up and show me her travel photos on Instagram. But I**'m** actually not **on social media**. I don't think it's necessary. I prefer showing photos directly on my phone or keeping physical photo albums.

오늘 예전에 같은 반이었던 친구를 만났다. 친구는 근황도 나누고 인스타그램에 올린 여행 사진도 보여주고 싶어 했다. 하지만 사실 난 SNS를 안 한다. 꼭 필요하다고 생각하지 않고, 사진은 직접 핸드폰으로 보여주거나, 실물 앨범으로 보관하는 걸 더 좋아한다.

● 한번 해볼까요?

A 인스타그램 ID가 뭐예요?
What's your Instagram ID?

B 저 사실 SNS 안 해요.

Ans I'm actually not on social media.

이 말, 영어로 뭐라고 할까요?

- **Teacher Joe's Tip** ☐

머릿속
언어 바꾸기

친구 집에 놀러 가서 커피 원두가 어디 있는지 묻고 싶을 때, 가장 먼저 떠오르는 문장은 아마 Where are your coffee beans?일 거예요. 그런데 영어식으로는 Where do you keep your beans?라고 말하죠. 왜 이게 더 자연스럽게 들릴까요? 바로 keep이라는 단어 덕분입니다. 이 단어엔 '계속 보관하다, 정해진 자리에 두다'라는 뉘앙스가 담겨 있어요. 커피 원두, 앞치마, 위스키 같은 물건들을 생각해 보세요. **그때그때 다른 데로 옮기지 않고 늘 같은 자리에 두는 물건들이죠.** 그러니 이런 상황에선 keep이 딱입니다. 예를 들어, Mary가 (여성용 작은) 가방을 항상 옷장에 둔다면 이렇게 말할 수 있죠. Mary keeps her purses in her closet. 이처럼 keep을 영어식 사고로 익혀두면, 한국어 표현에 끌려가지 않고 훨씬 자연스럽고 정확하게 말할 수 있습니다. 처음엔 좀 어색할지 몰라도, 이런 단어들이야말로 나중엔 입에서 저절로 먼저 튀어나오게 돼요.

- **Think in English** ☐

The word "keep" means to store or place something somewhere. We often use it when talking about **putting things in the same spot regularly**. It's a common way to talk about where things belong at home, at work, or in other places.

keep이라는 단어는 어떤 것을 어딘가에 보관하거나 둔다는 의미예요. 우리는 **무언가를 정기적으로 같은 자리에 두는 것**에 대해 말할 때 이 단어를 자주 사용해요. 이것은 집에서, 직장에서, 또는 다른 장소에서 물건이 어디에 속하는지를 설명하는 일반적인 방법이에요.

입까지

연결하기

● 짧은 문장 □

1   I keep my tax documents in a safe place.
2   You shouldn't keep your bananas in the fridge.

1   세금 관련 서류는 안전한 곳에 보관해요.
2   바나나는 냉장고에 보관하지 않는 게 좋아요.

● 짧은 대화 □

A   Excuse me, where do you keep the patient records?
B   Over there, behind the desk.

A   실례지만, 환자 기록은 어디에 보관하시나요?
B   저기 책상 뒤에 있어요.

● 짧은 상황 □

I spent time cleaning an old cabinet in our family's kitchen today. We keep the whiskey in this cabinet. It has been there for years, along with some other bottles of alcohol, so I might try a little later this weekend.

오늘 우리 집 부엌에 있는 오래된 찬장을 청소했어요. 우리는 이 찬장에 위스키를 보관하고 있어요. 몇 년째 다른 술병들과 함께 그 자리에 있었는데, 이번 주말쯤에 조금 마셔볼까 해요.

● 한번 해볼까요? ☐

A 커피 원두 어딨어?

_____

B 팬트리 맨 아래 선반에 있어.
   In the pantry on the bottom shelf.

Ans Where do you keep your beans?

4

팀 회식 때 주말 여행 계획을 꺼냈어요.
"우리 다 같이 1박 2일로 가면 재밌겠다!"
그런데 아무도 대답 없이 눈치만 봅니다. 이럴 때 툭 던지는 말

LECTURES 1-5

반응이 영 시원찮은데.

이 말, 영어로 뭐라고 할까요?

- -

- -

● **Teacher Joe's Tip** ☐ 머릿속
언어 바꾸기

영어 단어 excited를 '신이 난, 흥분한' 정도로만 외워두면 실제 대화에서 잘 안 떠오르지 않나요? 사실 영어 형용사는 한국어로 한 단어로 딱 맞게 옮기기 어려운 경우가 많아요. 그래서 이런 단어일수록 영어식 사고로 받아들이는 게 중요해요. 공식으로 풀어보면 이렇게 볼 수 있어요. 〈excited = happy + energetic + look forward to something〉 즉, **무언가를 기대하면서 기쁘고 들뜨고 설레는 느낌**이에요. 예를 들어, 미국에서 공부 중인데 한국에 있는 오빠가 택배를 보냈다고 해볼게요. 안에 뭐가 들었는지 궁금해서 빨리 열어 보고 싶다면 이렇게 말해요. I'm excited about the package from my brother and can't wait to open it. (오빠가 보낸 택배가 기대돼서 빨리 열어보고 싶어요.) 반대로 not excited는 뉘앙스가 완전히 달라요. 〈not excited = bored + not interested〉 즉, **시큰둥하거나 별로 내키지 않는 느낌**이에요. 이처럼 평소 잘 알고 있다고 생각한 단어도 영어식 사고로 다시 보면 전혀 다르게 보일 수 있어요. 영어식 사고를 익히고 싶다면, 이미 아는 단어라도 '다시 보는 과정'이 꼭 필요해요.

● **Think in English** ☐

When someone is "excited" about something, they feel happy and energetic because they are looking forward to it. We use this word to show enthusiasm or eagerness about a person, event, or thing. If we are "not excited," it means we **feel bored or not interested** in it.

어떤 사람이 무언가에 대해 excited하다는 것은, 그것을 기대하기 때문에 행복하고 에너지가 넘친다는 뜻이에요. 이 단어는 사람, 사건, 혹은 사물에 대한 열정이나 열의를 나타낼 때 사용해요. 우리가 not excited하다고 하면, 그것에 대해 지루하거나 관심이 없다는 뜻이에요.

입까지
연결하기

● 짧은 문장 □

1   She felt **excited** to ride a bullet train for the first time.
2   My friends were **not excited** about my idea for a weekend trip.

1   그녀는 처음으로 고속열차를 타게 되어 신이 났다.
2   친구들은 주말 여행을 가자는 내 제안에 영 시원찮은 반응을 보였다.

● 짧은 대화 □

A   Where are you taking your students for their field trip this year?
B   We're going to the aquarium. The students are really **excited** about it.

A   올해 학생들 소풍은 어디로 가요?
B   아쿠아리움에 가요. 학생들이 정말 기대하고 있어요.

● 짧은 상황 □

Today, I found out that my favorite mobile game, Squad Busters, is getting a new update. I'm **not excited** about it at all. The developers are changing how people play the game, which means it won't be as easy or as fun as it is now.

오늘 내가 제일 좋아하는 모바일 게임인 Squad Busters의 새 업데이트 버전이 나온다는 걸 알게 됐다. 그런데 전혀 기대가 되지 않는다. 개발자들이 게임 플레이 방식을 바꾸고 있어서, 지금처럼 쉽고 재미있진 않을 것 같다.

● 한번 해볼까요? ☐

A 자, 내일 여행 짐을 싸야겠네.
   Well, I guess I better pack for my trip tomorrow.
B 반응이 영 시원찮은데.

Ans You don't seem very excited.

5

친구가 집에 놀러 와서 닭발을 포장해 오자고 합니다.
그때 엄마를 떠올리며 살짝 말리듯

LECTURES 1-5

엄마는 매운 음식을 못 드셔.

이 말, 영어로 뭐라고 할까요?

● **Teacher Joe's Tip** ☐

머릿속
언어 바꾸기

영어에서는 〈anything + 형용사〉 구조를 정말 자주 써요. 구체적으로 하나하나 나열하기보다는, 뭉뚱그려 표현할 때 아주 유용하죠. 예를 들어, 매운 음식이라 하면 **김치, 떡볶이, 불닭볶음면 같은 다양한 예시가** 떠오르잖아요? 이걸 영어에서는 anything spicy 한 마디로 묶어서 표현할 수 있어요. 직역하면 '매운 어떤 것' 정도이고, 그냥 anything 뒤에 형용사 spicy를 붙이면 끝이에요. 비슷한 예로, 요즘 십 대들이 화려한 옷을 잘 안 입는다고 해볼게요. 이럴 땐 이렇게 말하면 돼요. Many teenagers don't wear anything colorful these days. (요즘 십 대들은 화려한 옷은 전혀 안 입어요.) 이때도 특정 옷을 말하는 게 아니라, **그냥 '화려한 건 전부'** 안 입는다는 의미로 받아들여져요. 참고로 이 원리는 〈something/somewhere/anywhere + 형용사〉에도 그대로 적용돼요. 예를 들어, 따뜻한 곳으로 휴가를 가고 싶다면 이렇게 말해요. I want to go somewhere warm for my vacation. (휴가 때 따뜻한 곳으로 가고 싶어요.) 이처럼 영어식 사고를 익히면 내 생각을 훨씬 자연스럽고 명확하게 표현할 수 있어요.

● **Think in English** ☐

We use the phrase "anything + adjective" to talk about things that have the quality described by the adjective. This is helpful when we don't want to mention specific things, but want to talk generally. It's a way to say that **anything with this quality is included or possible**.

'anything + 형용사'는 해당 형용사의 성질을 가진 모든 것을 말할 때 써요. 구체적인 대상을 언급하지 않고 일반적인 내용을 말하고 싶을 때 유용해요. 그 성질을 가진 건 무엇이든 포함되거나 가능하다는 뜻이에요.

입까지

연결하기

● 짧은 문장 ☐

1   Is there **anything interesting** on TV?
2   You should avoid **anything too salty** to stay healthy.

1   TV에 뭐 재밌는 거 해?
2   건강을 위해 너무 짠 음식은 피하는 게 좋아.

● 짧은 대화 ☐

A   Do you want an iced Americano?
B   No, I can't handle **anything cold**. It's bad for my stomach.

A   아이스 아메리카노 마실래?
B   아니, 찬 건 잘 못 마셔. 속에서 잘 안 받아.

● 짧은 상황 ☐

I'm in China right now, and there's a famous market near my hotel. I checked it out today to buy some fruit and maybe some souvenirs, but it was too loud. I realized that I can't handle **anything noisy**.

지금 중국에 있는데, 호텔 근처에 유명한 시장이 있다. 오늘 과일이랑 기념품을 좀 사려고 가 봤는데, 너무 시끄러웠다. 난 시끄러운 걸 잘 못 견딘다는 걸 새삼 느꼈다.

● 한번 해볼까요? ☐

A 떡볶이 좀 만들까? 가족들이 좋아할 것 같아.
   How about making some tteokbokki?
   I think our families would like it.

B 다른 메뉴는 어때? 우리 엄마는 매운 음식을 못 드셔.
   Can we choose something else?

Ans My mom can't eat anything spicy.

친구 집에서 저녁을 먹고 있는데,
한 숟갈 뜨더니 잠깐 멈칫하며 하는 말

LECTURES 6-10

음식이 싱거운 것 같아.

이 말, 영어로 뭐라고 할까요?

● **Teacher Joe's Tip**

머릿속 언어 바꾸기

음식이 간이 덜 됐거나 싱거울 때, 어떤 단어가 먼저 떠오르시나요? 아마 사전에서 '싱거운'을 찾으면 가장 먼저 보이는 bland가 생각날 거예요. 물론 틀린 건 아니지만, 실제 일상 영어에서는 조금 더 자연스러운 다른 표현을 많이 써요. 훨씬 쉽고 이미 알고 있는 단어인 miss를 활용하는 거예요. miss는 원래 '놓치다', '빗나가다' 같은 뜻이죠. 그런데 음식을 묘사할 때 쓰면, **'무언가가 빠져 있다'는 느낌**으로 확장돼요. 예를 들어, 치킨이 맛있긴 한데 뭔가 아쉬운 맛이라면 이렇게 말해요. This chicken is missing something. (이 치킨은 뭔가 빠진 맛이에요.) 반대로 음식 맛이 완벽해서 빠진 게 전혀 없다면 이렇게 말할 수 있어요. It's not missing anything. (빠진 게 전혀 없어요.) miss를 '놓치다'라는 한국어 뜻에만 고정해서 보지 말고, 영어식 사고로 생각해 보세요. 그러면 이런 표현들이 훨씬 자연스럽게 다가올 거예요.

● **Think in English**

When we say food is "missing" something, it means **it does not have a certain flavor or ingredient** it needs. We often say this when the food tastes okay but could be better or more interesting. People might add herbs, spices, or garnishes to improve a dish that is "missing" something.

음식이 '무언가 빠졌다(missing something)'고 말할 때는, 그것이 **필요로 하는 특정한 맛이나 재료가 없다**는 뜻이에요. 이 표현은 음식이 괜찮긴 하지만 더 좋거나 더 흥미로워질 수 있을 때 자주 써요. 사람들은 '무언가 빠진' 요리를 더 맛있게 만들기 위해 허브, 향신료, 고명 등을 추가할 수도 있어요.

입까지
연결하기

● 짧은 문장 ☐

1   I like your soup, but it's **missing something**. Let's add some pepper.
2   The curry we had yesterday was **missing something**. I wonder if the restaurant messed up the recipe.

1   네가 만든 수프 맛있긴 한데, 뭔가 아쉬워. 후추를 좀 넣어보자.
2   어제 먹은 카레 좀 싱거웠어. 식당에서 레시피대로 안 만들었나?

● 짧은 대화 ☐

A   What do you think about the salmon?
B   It's okay, but I think it's **missing something**.

A   연어는 어때?
B   괜찮긴 한데, 뭔가 좀 아쉬워.

● 짧은 상황 ☐

I treated myself to a vanilla milkshake at a local restaurant yesterday after getting a promotion. The milkshake was good, but it was **missing something**: chocolate sauce! Since chocolate sauce always makes it better, I was a little disappointed.

어제 승진한 기념으로 동네 식당에서 바닐라 밀크셰이크를 하나 사 마셨다. 밀크셰이크는 맛있었지만, 뭔가 빠진 느낌이었다. 바로 초콜릿 소스! 초콜릿 소스가 들어가면 항상 더 맛있는데, 그래서 조금 아쉬웠다.

● 한번 해볼까요? ☐

A 네 스튜는 어때?
   How's your stew?

B 맛있긴 한데, 좀 싱거운 것 같아. 소금을 좀 넣어볼까 봐.
   It's good, but _____
   Maybe some salt.

Ans I think it's missing something.

7

부럽다.

친구가 아침부터 침대에 누워 과자 먹으며 넷플릭스 보고 있습니다.
출근길에 지하철에서 영상통화하다가 하는 말

LECTURES 6-10

이 말, 영어로 뭐라고 할까요?

● **Teacher Joe's Tip** ☐

머릿속
언어 바꾸기

정부 지원으로 학비와 생활비까지 받으며 미국으로 1년간 유학을 가는 친구가 있다고 해볼까요? 당연히 축하하는 마음도 크겠지만, 솔직히 조금은 부럽고 질투심도 살짝 올라올 수 있죠. 이럴 때 '부럽다'라는 말을 영어로 옮기려다가 envy나 jealous가 바로 떠오른다면, 아직은 한국어를 영어로 직접 옮기는 번역식 사고에 익숙한 상태일 가능성이 커요. 비슷한 상황을 영어식 사고로 풀면 이렇게 말해요. I wish I were you.(내가 너였으면 좋겠어.) 말 그대로는 '내가 너였으면 좋겠다'이지만, 실제로는 **'너의 상황이 부럽다'라는 의미**예요. 여기서 wish에는 중요한 뉘앙스가 있어요. 바로 '불가능함'이에요. 현실적으로 이룰 수 없기 때문에 'wish + 과거형(were)'을 써서, 지금은 불가능한 상상을 표현하는 거예요. 영어에서는 이렇게 시제를 바꿔서 가능성과 거리를 두는 방식으로 감정을 전하는 경우가 많아요. 참고로, 좀 더 긍정적인 마음으로 부러움을 표현하고 싶다면 이렇게 말하면 돼요. I'm so happy for you.(너 정말 잘 됐다. 나도 기뻐.)

● **Think in English** ☐

We use the phrase "I wish I were you." when we feel jealous or wish we had someone else's situation. It means **we want to be in their position**, not just that we are happy for them. If you want to sound more positive and friendly, you can say, "I'm so happy for you" instead.

I wish I were you.는 다른 사람이 부럽거나, 그 사람의 상황이 내 것이었으면 좋겠다고 느낄 때 쓰는 표현이에요. 이 말은 단순히 그 사람을 축하한다는 뜻이 아니라, **그 사람의 입장에 서고 싶다**는 의미예요. 좀 더 긍정적이고 친근하게 말하고 싶다면, 대신 I'm so happy for you.라고 하면 돼요.

입까지

연결하기

● 짧은 문장 ☐

1   I wish I were you so I could go on vacation for three weeks too.
2   I wish I were rich. Then I wouldn't have to worry about money.

1   아, 나도 휴가를 3주 동안 갈 수 있으면 좋겠다.
2   나도 부자였으면 좋겠네. 그러면 돈 걱정 안 해도 될 텐데.

● 짧은 대화 ☐

A   My dad bought me a BMW for my birthday!
B   You're so lucky. I wish I were you.

A   아빠가 생일 선물로 BMW 사주셨어!
B   진짜 좋겠다. 부러워.

● 짧은 상황 ☐

I went to a local bar last night to watch my friend play a few songs on his guitar. I wish I were him and had the confidence to perform in front of people like that. He looked so comfortable on stage, and everyone enjoyed his music.

어젯밤에 동네 바에 가서 친구가 기타 치며 노래하는 걸 봤다. 나도 그렇게 사람들 앞에서 자신 있게 공연할 수 있으면 좋겠다 싶어 친구가 부러웠다. 친구는 무대 위에서 정말 편안해 보였고, 사람들도 친구의 음악을 즐겼다.

한번 해볼까요?

A 내일 팬 미팅에서 제일 좋아하는 가수 만나!
I'm meeting my favorite singer at a fan event tomorrow.

B 와, 부럽다.
Wow, _____

Ans I wish I were you.

이력서가 흥미롭더군요.

이 말, 영어로 뭐라고 할까요?

● **Teacher Joe's Tip** ☐

머릿속
언어 바꾸기

영어식 사고에서 가장 중요한 요소 중 하나는 바로 주어예요. **어떤 주어를 쓰느냐에 따라 문장의 흐름이 달라지고, 동사도 바뀌며, 결국 전달되는 메시지 전체가 달라지거든요.** 예를 들어, 면접 상황을 떠올려볼게요. 면접관이 지원자에게 "이력서가 흥미롭다"고 말하려고 할 때, 문장의 주어는 누구로 잡는 게 자연스러울까요? 면접관일까요, 아니면 이력서일까요? 영어식 사고에서는 '이력서'를 주어로 두는 편이 자연스러워요. 그래서 이렇게 말해요. Your resume interests me. (당신 이력서가 내 흥미를 끌어요.) 즉, '네 이력서가 나를 흥미롭게 한다'는 식으로 표현하는 거예요. 물론 이렇게도 말할 수 있어요. I'm interested in your resume. (나는 당신 이력서에 흥미가 있어요.) 하지만 이 상황에서는 Your resume interests me.가 더 간결하고 리듬감 있는 표현이에요. 같은 방식으로, 요가에 관심이 없다고 말하고 싶다면 이렇게 표현해요. Yoga doesn't interest me. (요가에는 관심이 없어요.) 주어를 바꾸는 것만으로도 문장이 이렇게 달라지는 게 느껴지지 않나요? 이게 바로 영어식 사고의 힘이에요.

● **Think in English** ☐

We can use "interest" as a verb when something catches our attention or makes us curious. It helps us say clearly what makes us curious, unlike "be interested in," which focuses more on the person's feelings. **This makes sentences more active and direct**, which sounds more natural in English.

어떤 것이 우리의 관심을 끌거나 우리를 궁금하게 만들 때, interest를 동사로 쓸 수 있어요. 이 표현은 우리의 궁금증을 유발하는 것이 무엇인지 더 분명히 말할 수 있게 도와줘요. 반면에 be interested in은 사람의 감정에 더 초점을 맞춰요. 이렇게 하면 **문장이 더 능동적이고 직설적으로 되어**, 영어에서는 더 자연스럽게 들려요.

입까지
연결하기

● 짧은 문장 ☐

1   Does politics **interest** you?
2   Nothing in this store really **interests** me.

1   정치에 관심 있어요?
2   이 가게에서는 딱히 끌리는 게 없어요.

● 짧은 대화 ☐

A   There's a baseball game this weekend. Do you want to go?
B   No thanks, sports have never **interested** me.

A   이번 주말에 야구 경기가 있는데, 갈래?
B   아니, 괜찮아. 스포츠에는 원래 별 관심 없어.

● 짧은 상황 ☐

I was at a bookstore yesterday when I saw a book on German history. It **interested** me right away. I studied history in college, so I can't wait to start reading it.

어제 서점에 갔다가 독일 역사에 관한 책을 봤다. 보자마자 관심이 확 갔다. 대학 때 역사를 공부해서 그런지 빨리 읽어보고 싶다.

● 한번 해볼까요? □

A 이력서가 흥미롭더군요.
_____

B 정말요? 그렇게 말씀해 주셔서 감사해요.
Really? I'm glad to hear that.

Ans Your resume interests me.

9

친구한테 유튜브에서 핫해질 밈 영상을 보여줬어요.
친구가 "댓글이 왜 이렇게 없냐?"고 묻자, 웃으면서

LECTURES 6-10

올린 지 얼마 안 된 영상이야.

이 말, 영어로 뭐라고 할까요?

● **Teacher Joe's Tip** ☐

머릿속
언어 바꾸기

"나 35살이야."를 영어로 말하는 건 어렵지 않죠? 아주 간단하게 이렇게 말하면 돼요. I'm 35 years old. 하지만 여기서 한 걸음 더 나아가 볼까요? 이 문장 속에도 영어식 사고의 힌트가 숨어 있어요. 영어에서는 〈someone + old〉뿐 아니라 〈something + old〉라는 구조도 자주 써요. 즉, **사람뿐 아니라 사물의 '나이'도 같은 방식으로 표현**하는 거예요. 예를 들어, 휴대폰을 쓴 지 2년밖에 안 됐는데 벌써 바꾸고 싶다면 이렇게 말해요. My phone is only two years old, but I already want to replace it. (내 휴대폰은 두 살밖에 안 됐는데 벌써 바꾸고 싶어요.) 비슷하게, 영상을 올린 지 얼마 안 됐다고 말하려면 이렇게 표현해요. The video is a few days old. (그 영상은 며칠밖에 안 됐어요.) old라는 단어를 아무리 많이 봤어도, 이런 식으로 사고하지 않으면 막상 대화 중에는 떠올리기 어렵죠. 이처럼 유연하게 사고하는 방식이 바로 영어식 사고의 핵심이에요.

● **Think in English** ☐

We use "old" to talk about **how long something has existed or how much time has passed since it was made**. When we say something is "old," it tells us its age and does not mean it is bad. This helps people understand the history or age of things.

영어에서는 old를 **어떤 것이 얼마나 오래 존재했는지, 또는 만들어진 지 얼마나 시간이 지났는지**를 말할 때 써요. 'something is ~ old'라고 한다고 해서 그게 나쁘다는 뜻은 아니고, 그것의 '나이'를 말하는 거예요. 이렇게 표현하면 사람들이 대상의 역사나 나이를 이해하는 데 도움이 돼요.

입까지
연결하기

● 짧은 문장 □

1 This ring is special because **it's over a hundred years old**.
2 I wouldn't drink that orange juice. I think **it's a few weeks old now**.

1 이 반지는 100년도 넘은 거라 정말 특별해.
2 저 오렌지 주스는 안 마실래. 몇 주 된 것 같아.

● 짧은 대화 □

A **This house is decades old**, but I think we can renovate it and fix some things.
B I agree! And once it's fixed, we can resell it.

A 이 집은 수십 년 됐지만, 리모델링하고 몇 군데만 손보면 괜찮을 것 같아요.
B 맞아요! 수리만 하면 다시 팔 수 있을 거예요.

● 짧은 상황 □

I found some letters in the attic yesterday. My dad told me **they are over eighty years** old and were written by my grandfather. He wrote them to my grandmother during the war.

어제 다락방에서 편지 몇 통을 발견했다. 아빠 말씀으로는 그 편지들은 80년도 더 된 것이고, 할아버지께서 쓰신 거라고 한다. 전쟁 중에 할머니께 그 편지를 쓰셨다.

- **한번 해볼까요?**

A 이 영상 언제 올라왔어? 와, 벌써 100만 명이 넘게 봤다고?
When was this video uploaded?
I can't believe over 1 million people have already seen it.

B 올린 지 얼마 안 된 영상이야. 확실히 입소문 났네.
_____ It's definitely gone viral.

Ans The video is a few days old.

기다리지 말고 먼저 자.

이 말, 영어로 뭐라고 할까요?

● **Teacher Joe's Tip**

'기다리지 말고 먼저 자'는 영어로 어떻게 말할까요? 의외로 up 하나로 아주 쉽고 깔끔하게 표현할 수 있어요. 보통 up 하면 '위로', '위에' 같은 공간 개념이 먼저 떠오르죠? 하지만 **영어에서는 '깨어 있는'이라는 뜻도 있습니다.** 문맥에 따라 〈up = awake〉로 자연스럽게 받아들이는 거예요. 예를 들어, 누군가 잠도 안 자고 뭐 하냐고 묻는다면 이렇게 말해요. What are you doing up? (뭐 하느라 안 자고 깨어 있어?) 또는 딸이 새벽 2시까지 안 자고 유튜브를 보고 있었다면 이렇게 표현할 수 있어요. She was still up at 2 a.m. watching YouTube.(그녀는 새벽 2시까지 안 자고 유튜브를 보고 있었어요.) 이처럼 up 하나로 '깨어 있는 상태'를 간단히 표현할 수 있죠.

그렇다면 '기다리지 말고 먼저 자'는 어떻게 할까요? 이렇게 말하면 돼요. Don't wait up for me. 직역하면 '내가 올 때까지 up 상태로 기다리지 말라'는 뜻이에요. 처음 보면 쉬워 보이지만, 막상 입 밖으로 자연스럽게 말하려면 잘 안 나오는 문장이죠.

● **Think in English**

"Up" can be used as an adverb to mean that **someone is awake and out of bed**. It usually means they are not just awake but also active and moving around. We often say someone is "up" when they have energy and are doing things, not just lying awake.

up은 **누군가가 깨어 있고 침대에서 일어난 상태**를 뜻하는 부사로 쓸 수 있어요. 보통 단순히 깨어 있는 것뿐만 아니라 활동적이고 움직이고 있다는 의미예요. 그냥 누워서 깨어만 있는 게 아니라 에너지가 있고 뭔가를 하고 있을 때, up이라는 표현을 써요.

입까지
연결하기

● 짧은 문장 □

1   It's late. What are you doing **up**?
2   My husband was **up** with the baby all night.

1   늦었는데 왜 안 자고 있어?
2   남편은 아기 때문에 밤새 깨어 있었다.

● 짧은 대화 □

A   Why are you **up** so early? It's Saturday!
B   I wanted to go jogging before it gets too hot.

A   왜 이렇게 일찍 일어났어? 오늘 토요일이잖아!
B   더 더워지기 전에 좀 뛰고 싶었거든.

● 짧은 상황 □

I recently started an online store selling handmade jewelry and accessories. It's going really well, and my customers love what I make. The only problem is that I'm usually **up** until midnight most nights packing orders!

최근 핸드메이드 주얼리와 액세서리를 판매하는 온라인 스토어를 시작했다. 잘 되고 있고, 고객들도 내가 만든 제품을 정말 좋아한다. 다만 문제는, 주문을 포장하느라 거의 매일 밤 자정까지 깨어 있다는 점이다!

● 한번 해볼까요?

A   오늘 밤에 친구들이랑 바에 갈 거야. 기다리지 말고 먼저 자.

I'm going out to a bar tonight with some friends.

_____

B   알았어. 근데 너무 늦게 다니지는 마.

Okay, but try not to stay out too late.

Ans. Don't wait up for me.

난 캠핑을 별로 안 좋아해.

이 말, 영어로 뭐라고 할까요?

● Teacher Joe's Tip □

머릿속
언어 바꾸기

'팬(fan)' 하면 보통 스포츠 선수나 아이돌 가수를 좋아하는 사람을 떠올리죠? 하지만 영어에서는 사람뿐 아니라 거의 모든 것의 팬이 될 수 있어요. 즉, 단순히 무언가를 좋아한다는 뜻으로도 쓰이는 거예요. 예를 들어, 컨트리 음악을 좋아한다면 이렇게 말해요. I'm a big fan of country music. (저는 컨트리 음악을 정말 좋아해요.) 여기서 big은 '크다'라는 뜻이 아니라 '엄청나게, 열정적으로'라는 의미예요. 그런데 실제 대화에서는 not a big fan of 패턴이 더 자주 쓰여요. 무언가를 그다지 좋아하지 않는다는 의미로, not like보다 **부드럽게 '싫어하다'의 뉘앙스**를 전할 수 있죠. 예를 들어, 뮤지컬을 좋아하는 친구에게 연극을 더 선호한다고 말하려면 이렇게 해요. I'm not a big fan of musicals. I prefer plays instead. (난 뮤지컬은 별로 안 좋아해. 대신 연극을 더 좋아해.) 참고로, '좋아하다/싫어하다'를 표현할 수 있는 말을 최소 3가지 이상 알아두는 걸 추천해요. 그래야 호불호를 자연스럽게 표현하면서도 상대방 기분을 상하지 않게 하고, 내 생각을 분명히 전할 수 있어요.

● Think in English □

When we say that we are "not a big fan of" something, we are politely saying that we don't like that thing. It is **a softer and more polite way to express dislike**. This phrase helps people avoid sounding too harsh or rude when they share their opinion.

not a big fan of라고 말하면, 어떤 것을 좋아하지 않는다는 뜻을 정중하게 표현하는 거예요. 이 표현은 **싫다는 말을 더 부드럽고 예의 있게 전하는 방법**이에요. 자신의 의견을 말할 때 너무 거칠거나 무례하게 들리지 않도록 도와주는 표현이에요.

입까지
연결하기

● 짧은 문장 ☐

1 I'm **not a big fan of** spicy food, so I try to avoid it.
2 John is **not a big fan of** cold weather, but he loves wearing sweaters.

1 매운 음식을 별로 좋아하지 않아서, 되도록 안 먹으려고 해요.
2 John은 추운 날씨는 별로 안 좋아하는데, 스웨터 입는 건 참 좋아해요.

● 짧은 대화 ☐

A We're going to see a horror movie this weekend. Do you want to join?
B No, thanks. I'm **not a big fan of** horror movies.

A 이번 주말에 공포 영화 보러 갈 건데, 같이 갈래?
B 아니, 괜찮아. 공포 영화는 별로 안 좋아해.

● 짧은 상황 ☐

Last Saturday, my boyfriend wanted to check out the summer music festival in our city. There were a lot of people, and I'm **not a big fan of** crowds. Still, we had fun, and I even won a prize playing the balloon darts game!

지난 토요일, 남자 친구가 우리 시에서 열리는 여름 음악 페스티벌을 구경하고 싶어 했다. 사람이 정말 많았는데, 나는 붐비는 곳을 별로 좋아하지 않는다. 그래도 즐겁게 놀았고, 풍선 다트 게임에서 상품도 하나 땄다!

● 한번 해볼까요?

A 가족들이랑 이번 주말에 만리포 해변으로 캠핑 가는데, 같이 갈래?
My family and I are going camping at Mallipo Beach this weekend. Do you want to join?

B 아니, 괜찮아. 나 캠핑을 별로 안 좋아해.
No, thanks. _____

Ans I'm not a big fan of camping.

12

프린터가 갑자기 먹통이 돼서 다들 우왕좌왕하는데, 동료가 "그냥 손으로 다 옮겨 쓰면 되지 않나?"라고 합니다. 그 말을 듣고 피식 웃으며

LECTURES
11-15

분명히 다른 방법이 있을 거예요.

이 말, 영어로 뭐라고 할까요?

● **Teacher Joe's Tip**

머릿속
언어 바꾸기

영어 실력이 늘수록 단어 하나가 새롭게 보이는 순간이 있죠. 처음엔 must를 '~해야만 한다'로만 외우지만, 나중엔 '~임에 틀림이 없다'란 뜻도 있다는 걸 알게 돼요. 그런데 문제는 머리로는 아는데 막상 입으론 잘 안 나와요. 왜일까요? 바로 must를 영어식으로 느껴본 적이 없기 때문이에요. 원어민에게 '~임에 틀림이 없다'란 의미의 **must는 곧바로 I'm sure!라는 확신의 느낌으로 연결**돼요. 예를 들어 여행 중에 카페를 찾고 있는데, 주소는 맞는데 보이질 않는 거예요. 이럴 때 이렇게 말하죠. The cafe must be around here somewhere. This is the right address. (카페가 분명 이 근처 어딘가에 있을 거예요. 주소가 맞아요!) 이 문장은 이렇게 바꿔도 같은 느낌이에요. I'm sure the cafe is around here somewhere. This is the right address. (카페가 근처에 있는 게 확실해요. 주소가 맞으니까요!) must = I'm sure. 이렇게 연결하면 머리로만 알던 뜻이 입 밖으로도 자연스럽게 튀어나와요.

● **Think in English**

Sometimes, "must" is used to show strong certainty or a confident guess about something. When we say "must," we mean **we are almost sure something is true**, even if we don't have 100% proof. It is stronger than words like "could" or "might," which show less certainty.

must는 어떤 일에 대해 강한 확신을 보이거나 자신 있게 추측할 때 쓸 수 있어요. must라고 말하면 100% 확실한 증거가 없어도 거의 확실하다고 생각한다는 뜻이에요. could나 might 같은 표현보다 확신의 정도가 더 강한 표현이에요.

입까지
연결하기

● 짧은 문장 □

1   You **must** be tired after such a long flight.
2   He **must** be busy because he's not answering his phone.

1   그렇게 비행기를 오래 타면 분명 피곤할 거야.
2   전화 안 받는 걸 보니 바쁜가 보다.

● 짧은 대화 □

A   This **must** be the wrong way. I think we were supposed to turn left.
B   Let's check the map.

A   길을 잘못 든 게 틀림없어. 왼쪽으로 가야 했던 것 같아.
B   지도 한번 보자.

● 짧은 상황 □

When I went to school today, I didn't see my lab partner. She **must** be sick. I feel worried because we have to turn in our lab results in two days.

오늘 학교에 갔는데, 내 실험 파트너가 안 보였다. 아픈가 보다. 이틀 뒤에 실험 결과를 제출해야 해서 걱정이다.

● 한번 해볼까요?

A 네 생일에 소포를 보내려고 했는데, 우체국에서 배송비로 50달러를 달라고 하더라고.
   I was going to send you a package for your birthday, but the post office wants to charge $50 for shipping.

B 진짜? 다른 방법이 분명 있을 거야.

   Seriously? _____

Ans There must be another way.

13

레스토랑을 예약해놨는데, 친구들이 길거리 구경하느라 계속 늦어지고 있어요.
직원 눈치가 슬슬 보이자, 쓴웃음을 지으며 한마디

이러다 예약이 취소되겠어.

LECTURES 11-15

이 말, 영어로 뭐라고 할까요?

● Teacher Joe's Tip

머릿속
언어 바꾸기

우리는 과연 lose란 단어를 제대로 알고 있을까요? 지갑을 잃어버릴 때 쓰는 〈lose + a wallet〉이나 살을 뺄 때 쓰는 〈lose + weight〉는 이미 익숙하죠. 하지만 lose는 이 외에도 셀 수 없을 만큼 다양한 상황에서 쓰여요. 대표적인 예가 식당 예약에 늦었을 때 쓰는 〈lose + one's table〉입니다. 예약 시간에 맞춰 도착하지 않으면 그 테이블은 다른 손님에게 넘어가죠. 이때 주어를 '사람'으로 두고, 그 사람 입장에서 이렇게 표현해요. The couple was 30 minutes late, so they lost their table. (그 커플은 30분이나 늦어서 테이블을 잃었어요.) 즉, '예약이 취소됐다'는 뜻이에요. 이처럼 lose는 단순히 '잃어버리다'에서 끝나지 않아요. **무언가를 놓치거나, 기회를 잃는 상황**에서도 자주 등장하죠. 앞으로 lose를 보면 그냥 '잃어버리다'로만 해석하지 말고, 이렇게 생각해 보세요. '잃은 게 뭘까?' 이 짧은 질문 하나로 lose의 뉘앙스가 훨씬 더 생생하게 다가올 거예요.

● Think in English

The phrase "lose one's table" means **you lose your reservation at a restaurant or bar**. This usually happens if you are late and the restaurant gives your table to someone else. After you lose your table, you normally cannot get it back.

lose one's table이라는 표현은 식당이나 바에서 예약한 자리를 잃는다는 뜻이에요. 보통 늦게 도착해서 식당이 그 자리를 다른 사람에게 줄 때 이런 일이 생겨요. 한 번 잃은 자리는 보통 다시 되찾기 어려워요.

입까지

연결하기

● 짧은 문장 ☐

1   Our reservation is at 6 p.m., so we need to leave now or we'll **lose our table**.
2   The movie ran longer than expected, so by the time we got to the restaurant, we **had lost our table**.

1   우리 예약이 6시라서 지금 출발해야 해. 안 그러면 자리 놓칠 거야.
2   영화가 예상보다 길어져서 식당에 도착했을 땐 이미 예약이 취소된 뒤였다.

● 짧은 대화 ☐

A   The restaurant you chose looks really popular.
B   It is! Let's leave now so we don't **lose our table**.

A   네가 고른 식당 인기 엄청 많아 보인다.
B   인기 많아! 예약 취소되기 전에 지금 출발하자.

● 짧은 상황 ☐

I'm really upset with my friends today because we missed our reservation. I told them to be at the buffet restaurant by 5 p.m., or we would **lose our table**. They showed up an hour late, so I just went home.

예약이 취소돼서 오늘 친구들에게 정말 화가 났다. 자리가 취소될 수도 있으니까 5시까지 뷔페에 오라고 말했다. 친구들은 한 시간이나 늦게 왔고, 그래서 난 그냥 집에 갔다.

● 한번 해볼까요? ☐

A 곧 도착하는 거야? 이러다 예약이 취소되겠어.
Are you going to be here soon?

_____

B 5분 안에 도착해.
I'll be there in about five minutes.

Ans We're going to lose our table.

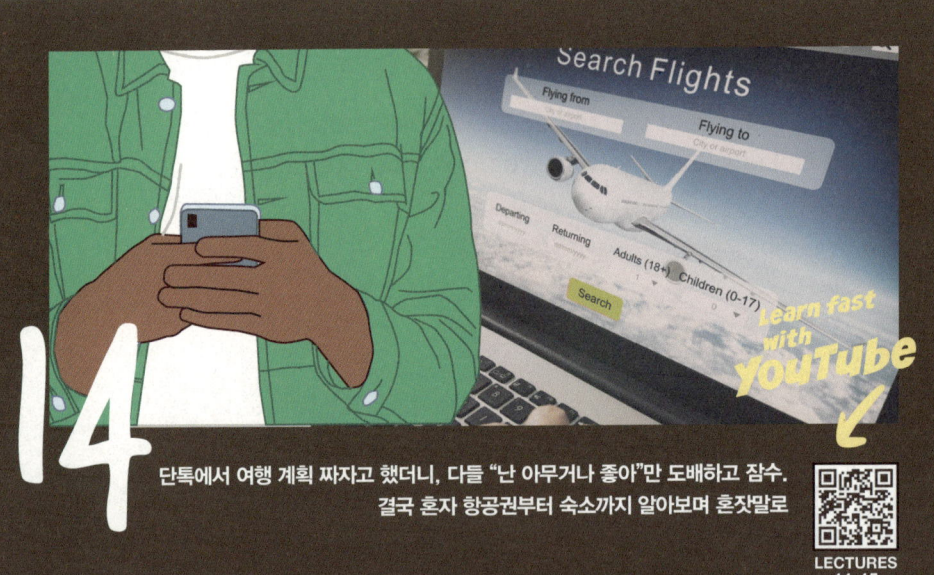

14

단톡에서 여행 계획 짜자고 했더니, 다들 "난 아무거나 좋아"만 도배하고 잠수. 결국 혼자 항공권부터 숙소까지 알아보며 혼잣말로

LECTURES 11-15

저보고 알아서 하래요.

이 말, 영어로 뭐라고 할까요?

머릿속
언어 바꾸기

● **Teacher Joe's Tip**

누군가의 도움 하나 없이 뭔가를 해냈을 때, 딱 맞는 표현이 있어요. 바로 on my own이에요. 예를 들어, 부모님 집에서 독립해 혼자 산다면 이렇게 말할 수 있죠. I live on my own. (혼자 살아요.) 강사 없이 혼자 공부했다면 이렇게도 돼요. I learned on my own. (혼자 공부했어요.) 그리고 I'm on my own.은 단순히 '혼자 있다'를 넘어, 책임까지 다 내 몫이라는 뜻도 담고 있어요. 마치 게임에서 '튜토리얼 끝, 이제부터 실전!' 이런 느낌이죠. 요즘처럼 영상 하나로 뭐든 배울 수 있는 시대엔 이 표현이 더 빛나요. 예를 들어, 유튜브 보고 케이크를 만들 줄 알게 됐다면 I learned how to bake cakes on my own by watching videos. (영상 보고 혼자 케이크 굽는 법을 배웠어요.)라고 말해요. 지금까지 alone이나 by myself만 썼다면, 이제 on my own도 꺼내 보세요. 딱 한 마디로 '혼자서도 잘해요'를 멋지게 표현할 수 있거든요.

● **Think in English**

The phrase "on my own" means you do something by yourself without help from others. It shows that you **have to manage or solve something independently**. Sometimes people use it proudly to talk about what they achieved alone, and other times to express frustration about not having help.

on my own이라는 표현은 다른 사람의 도움 없이 혼자서 어떤 일을 한다는 뜻이에요. 그것은 스스로 어떤 일을 관리하거나 해결해야 한다는 걸 보여줘요. 혼자 해낸 것을 자랑스럽게 말할 때 쓰이기도 하고, 아무도 도와주지 않아서 답답함을 표현할 때 쓰이기도 해요.

입까지
연결하기

● 짧은 문장 □

1 I figured out how to fix my microwave **on my own**.
2 After college, I moved to a new city and lived **on my own**.

1 전자레인지 고치는 방법을 스스로 알아냈어요.
2 대학 졸업 후 새로운 도시로 이사해서 혼자 살았어요.

● 짧은 대화 □

A The repairman can't come today. I'll fix the printer **on my own**.
B Are you sure? I can help.

A 오늘 수리 기사가 못 온대. 프린터는 내가 알아서 고쳐볼게.
B 정말? 내가 도와줄게.

● 짧은 상황 □

I feel really proud of myself because I traveled **on my own** last week. I decided to visit Japan to see the historical sites and try Japanese food for the first time. It was a little scary being alone, but I figured it out and made a lot of great memories.

지난주에 혼자 여행을 다녀와서 정말 뿌듯하다. 일본의 유적지를 보고 처음으로 일본 음식도 먹어보려고 일본에 가기로 했다. 혼자라 좀 두렵기도 했지만, 잘 다녀왔고 좋은 추억도 많이 만들었다.

● 한번 해볼까요? ☐

A   회사에서 회계사 보내서 도와주지 않아?
Isn't the company going to send in an accountant to help?

B   아니. 나보고 알아서 하래.
Nope. _____

Ans   They told me I'm on my own.

다이어트한다고 샐러드도 먹어보고 운동도 해봤는데, 체중계 숫자는 그대로입니다. 숟가락 내려놓으며 하는 말

LECTURES 11-15

더 이상 방법이 없어.

이 말, 영어로 뭐라고 할까요?

61

● **Teacher Joe's Tip** ☐

머릿속 언어 바꾸기

영어에서 out of는 기본적으로 '안에서 밖으로' 나오는 움직임을 뜻해요. 예를 들어, 아침에 일어날 때 I got out of bed.(침대에서 일어났어요.)라고 말하죠. 여기서 out of는 '안에 있던 것이 밖으로 나오는' 그림이에요. 이 이미지를 그대로 확장해 보면, **안에 있던 것이 전부 밖으로 쏟아져 텅 빈 상태**가 떠오르죠. 그래서 out of는 '무엇이 완전히 떨어진 상태'를 표현할 때도 쓰여요. 예를 들어, 화장지가 다 떨어졌다면 We're out of toilet paper.(화장지가 다 떨어졌어요.)라고 말해요. 이 느낌은 추상적인 개념에도 자연스럽게 이어져요. Mike가 러닝머신에서 몇 시간 동안 뛰고 완전히 지쳤다면 Mike was out of energy.(Mike는 완전히 기진맥진했어요.)라고 하죠. 핵심은 out of가 단순히 부족한 게 아니라 안이 텅 빈 상태를 나타낸다는 점이에요. 컵이 비어 있거나 에너지가 바닥난 모습을 떠올리면 out of의 감각이 쉽게 잡혀요. 이 이미지가 바로 out of를 자연스럽게 쓰는 열쇠예요.

● **Think in English** ☐

The phrase "be out of" means there is none left of something. We use it **when something is completely used up**. It can be used to talk about physical things, such as rice or money, or ideas, like options or time.

be out of라는 표현은 어떤 것이 하나도 남아 있지 않다는 뜻이에요. **무언가가 완전히 다 쓰였을 때** 사용해요. 쌀이나 돈 같은 물질적인 것뿐 아니라, 선택지나 시간 같은 개념적인 것에도 쓸 수 있어요.

입까지
연결하기

● 짧은 문장 ☐

1 We're out of milk, so I'll have to go to the store.
2 I can't believe the bank is out of money.

1 우유가 다 떨어져서 마트에 가야 해.
2 은행에 돈이 하나도 없다니 말도 안 돼.

● 짧은 대화 ☐

A Were you able to get the concert tickets?
B No, the website was out of tickets after five minutes.

A 콘서트 티켓 구했어?
B 아니, 5분 만에 매진됐어.

● 짧은 상황 ☐

I did not have a good day today. First, I couldn't have my morning coffee because I was out of coffee beans. Then, my boss messaged me to come into work two hours earlier!

오늘은 정말 안 풀리는 날이었다. 먼저, 커피 원두가 다 떨어져서 아침에 커피를 못 마셨다. 거기다 상사가 두 시간이나 일찍 출근하라고 메시지를 보냈다!

63

● 한번 해볼까요? □

A   정말 부모님 댁으로 다시 들어갈 거야?
Are you really going to move back in with your parents?

B   더는 방법이 없어. 당분간은 부모님이랑 살아야 할 것 같아.
_____ I'll have to stay with them for a while.

Ans I'm out of options.

16

푸드 트럭에서 노점 아이스크림을 사려는데 현금만 받는다는 말에 멈칫. 주머니를 뒤적이다 웃으며

LECTURES 16-20

이제 현금은 안 들고 다녀요.

이 말, 영어로 뭐라고 할까요?

● **Teacher's Joe's Tip**

머릿속
언어 바꾸기

carry를 영어식 사고로 이해하면 하나의 공식이 나와요. 바로 〈carry = have + move〉예요. 즉, **무언가를 가지고, 그걸 들고 이동하는** 그림이죠. 이 공식을 실생활 문장에 적용해 볼게요. 예를 들어, 가볍게 하이킹할 때 늘 텀블러를 챙긴다면 이렇게 말해요. I always carry my tumbler with me when I go hiking. (하이킹 갈 때 항상 텀블러를 들고 다녀요.) 들고 걷는 장면이 눈앞에 그려지지 않나요? 또 다른 예로, 여동생이 아직 아기를 안고 움직이는 게 어색하다면 이렇게 표현해요. My younger sister doesn't feel comfortable carrying the baby yet. (내 여동생은 아직 아기를 안고 다니는 게 익숙하지 않아요.) 여기서 holding을 쓰면 단순히 '안고 있는' 느낌이에요. 하지만 carrying은 안고 움직이는 그림까지 들어 있죠.

● **Think in English**

"Carry" means to **have something with you and move it from one place to another**. When we say we "carry cash," it means we keep cash with us, usually in our wallet or pocket. We can also use "carry" when moving people or things from one place to another.

carry는 어떤 것을 가지고 다니면서 한 장소에서 다른 장소로 옮기는 것을 의미해요. carry cash라고 하면, 보통 지갑이나 주머니에 현금을 가지고 다닌다는 뜻이죠. 사람이나 물건을 한 곳에서 다른 곳으로 옮길 때도 쓸 수 있어요.

입까지
연결하기

● 짧은 문장 ☐

1   I always **carry** my tumbler with me when I go jogging.
2   She **carries** her tablet to meetings to take notes.

1   조깅할 때 항상 텀블러를 가지고 다닌다.
2   그녀는 회의 때 메모하려고 태블릿을 가져간다.

● 짧은 대화 ☐

A   Do we have to **carry** our passports with us all the time in Japan?
B   Yes, we do. We need them for tax-free shopping.

A   일본에서 항상 여권을 가지고 다녀야 해?
B   응. 그래야 해. 면세 쇼핑할 때 필요해.

● 짧은 상황 ☐

I did some volunteering at a local animal shelter today. Most of the cats needed a bath, so I had to **carry** each one to the tub. It took a long time because some of them kept trying to escape the water!

오늘 지역 동물 보호소에서 봉사 활동을 했다. 목욕시켜야 하는 고양이들이 대부분이어서,
한 마리씩 욕조로 옮겨야 했다. 물에서 도망가려는 몇몇 녀석들 때문에 시간이 꽤 오래 걸렸다.

● 한번 해볼까요?

A 현금 좀 있어? 길거리 음식 좀 사 먹으려고.
   Do you have any cash on you?
   I want to buy some street food.

B 미안, 없어. 이제 현금은 안 들고 다녀.
   Sorry, no. _____

Ans I don't carry cash anymore.

17

친구 집에 놀러 가서 때를 보다가,
슬쩍 졸업 앨범 얘기 꺼내며 던진 말

LECTURES
16-20

네 졸업 앨범은 언제 보여줄 거야?

이 말, 영어로 뭐라고 할까요?

- **Teacher's Joe's Tip**

머릿속
언어 바꾸기

get to는 정말 유용한 표현이에요. 영어식 사고로 풀면 〈get to = have a chance/an opportunity to do something〉, 즉, '~할 기회를 얻다'라는 뜻이에요. **특히 평소에 바라던 일이나 기대했던 상황을 말할 때** 딱 맞아요. 예를 들어, 평일 내내 잠도 못 자고 피곤에 찌들어 있다가 내일이 공휴일이라 드디어 늦잠을 잘 수 있는 상황이라면 이렇게 말해요. She gets to sleep in tomorrow because it's a holiday. (내일이 공휴일이라 그녀는 드디어 늦잠을 잘 수 있어요.) 여기서 포인트는, 문장 속에 '기회'라는 단어가 직접 등장하지 않아도 영어에서는 이런 상황을 자연스럽게 get to로 표현한다는 거예요. 참고로 get to는 상황에 따라 can이나 be able to 같은 의미로도 쓰여요. 하지만 이 뉘앙스를 제대로 살리고 싶다면 이렇게 기억하세요. 〈get to = 평소에 바라던 기회를 드디어 잡다〉!

- **Think in English**

The phrase "get to" means to **have the chance or opportunity to do something special or enjoyable**. It often shows happiness or excitement because someone can finally do something they wanted or planned to do. We usually don't use "get to" for things we aren't interested in or don't want to do.

get to는 **특별하거나 즐거운 일을 할 기회나 가능성을 갖게 되었다**는 뜻이에요. 자신이 원했거나 계획했던 일을 드디어 할 수 있게 됐을 때의 기쁨이나 설렘을 표현할 수 있어요. 관심이 없거나 하고 싶지 않은 일에는 get to를 잘 쓰지 않아요.

입까지

연결하기

● 짧은 문장

1   We finally **get to** see the new movie this weekend.
2   We **get to** try the chef's special menu tonight.

1   이번 주말에 우리가 드디어 새 영화를 보게 됐어.
2   오늘 밤에 우리가 셰프의 스페셜 메뉴를 맛볼 수 있게 됐어.

● 짧은 대화

A   Will we **get to** ride on some roller coasters this time?
B   Only if the lines aren't too long.

A   이번엔 롤러코스터 탈 수 있을까?
B   줄만 너무 안 길면 탈 수 있어.

● 짧은 상황

There were a lot of people at the gym today. I think everyone is trying to get in shape before summer to look slimmer and healthier. I lifted weights for thirty minutes but didn't **get to** run on a treadmill because they were all taken.

오늘 헬스장에 사람이 정말 많았다. 다들 여름 전에 날씬하고 건강해 보이려고 운동을 하는 것 같다. 나는 30분 동안 웨이트를 했는데, 러닝머신은 자리가 없어서 못 뛰었다.

● 한번 해볼까요?

A 네 졸업 앨범은 언제 보여줄 거야?

_____

B 아, 절대 안 돼. 너무 부끄럽잖아!
Oh, never. That's way too embarrassing!

Ans When do I get to see your yearbook?

동료가 "회의 자료는 파일로만 준비하면 되잖아"라고 합니다.
인쇄된 자료를 챙기며 웃으며

LECTURES 16-20

혹시 모르니까요.

이 말, 영어로 뭐라고 할까요?

● **Teacher Joe's Tip** □

머릿속
언어 바꾸기

앞으로 무슨 일이 벌어질지 모르니 조심하라는 말, 혹은 예상치 못한 좋은 일이 생길 수도 있다는 기대감, 영어로 어떻게 표현할까요? 생각보다 복잡할 것 같지만 사실 한마디면 충분해요. 바로 You never know. 예요. 호주 멜버른의 트램 손잡이에도 이렇게 큼지막하게 적혀 있어요. You never know. (혹시 모르잖아요.) 처음엔 '도대체 뭘 모른다는 거지?' 싶지만, 곧 '언제 급정거할지 모르니 손잡이를 꼭 잡으세요'라는 의미라는 걸 깨닫게 되죠. 다른 예도 볼까요? 오랜 친구를 우연히 마주칠 수도 있는 상황이라면 이렇게 말할 수 있어요. You never know when you'll see an old friend. (언제 옛 친구를 마주칠지 모르잖아요.) 이처럼 You never know.는 **긍정적이든 부정적이든, 앞으로 어떤 일이 일어날지 모른다는 가능성**을 부드럽게 전하는 표현이에요. 결국 우리가 흔히 말하는 "혹시 모르니까."를 영어에서는 이렇게 간단히 표현되는 거죠.

● **Think in English** □

The phrase "You never know." means that anything can happen. It shows **hope or uncertainty about what might happen in the future**. We use it to encourage people to stay positive or to remind them to stay humble because the result is not certain.

You never know.라는 표현은 무슨 일이든 일어날 수 있다는 뜻이에요. **미래에 어떤 일이 일어날지 모르는 상황에서 희망이나 불확실성**을 나타내요. 결과가 어떻게 될지 모르니 긍정적으로 생각하라고 격려하거나 겸손해지라고 조언할 때 이렇게 말해요.

입까지
연결하기

● 짧은 문장 ☐

1   Maybe you'll finish the race first this time! **You never know.**
2   I always bring an umbrella because **you never know** when it might rain.

1   이번엔 네가 경주에서 1등 할 수도 있지! 누가 알아?
2   언제 비가 올지 몰라서 난 항상 우산을 챙긴다.

● 짧은 대화 ☐

A   You should enter the contest. You could win; **you never know!**
B   Yeah, I think I'll enter.

A   대회 한번 나가 봐. 우승할지도 모르잖아!
B   맞아, 나도 나가볼까 싶어.

● 짧은 상황 ☐

> I've decided to take a Turkish lamp class tomorrow. I'll be going alone, but I don't mind. **You never know** when you'll make a new friend.

내일 터키 램프 만들기 수업을 듣기로 했다. 혼자 가지만 괜찮다. 언제 새 친구를 사귀게 될지 모르는 거니까!

● 한번 해볼까요? □

A 부탁해도 아무도 안 도와줄 것 같아요.
I don't think anyone would help me even if I asked.

B 혹시 모르니까요. 뜻밖에 도와줄 사람이 있을지도 몰라요.
_____ People might surprise you.

Ans You never know.

19

친구가 단톡방에 "나 PC방 왔는데?"라고 올립니다.
카페 자리 사진 찍어 보내며

LECTURES 16-20

카페에서 만나기로 했잖아.

이 말, 영어로 뭐라고 할까요?

● Teacher Joe's Tip

머릿속 언어 바꾸기

be supposed to는 사전에서 '~하기로 되어 있다', '~해야 한다'로 나오지만, 이 뜻만 외우면 실전에서 막히기 쉬워요. 실제로는 더 넓은 뉘앙스를 담고 있기 때문이에요. 핵심은 **'무엇이 일어나기로 되어 있고, 규칙상 그래야 하며, 원래 그렇게 하기로 한 상황'**이에요. 예를 들어, He was supposed to call me yesterday, but I didn't hear from him.(그는 어제 전화하기로 했는데, 연락이 없었어요.)에는 전화가 올 거라 기대했고, 원래 그렇게 하기로 했는데 지켜지지 않았다는 뉘앙스가 모두 담겨 있어요. 또, I was supposed to finish this project today. (원래 오늘 이 프로젝트를 끝내야 했어요.), 여기서도 '원래 계획'을 자연스럽게 표현할 수 있죠. 정리하면, be supposed to는 기대·규칙·원래 계획이 있었는데 어긋난 상황까지 표현할 수 있는 말이에요. 사전식 정의보다 이 뉘앙스를 중심으로 익히면 훨씬 자연스럽게 쓸 수 있어요.

● Think in English

The phrase "be supposed to" means that something is expected or required to happen. We use it when **there is a plan, rule, or expectation that something should happen**. Sometimes, we also use it to show surprise or confusion when things don't happen as expected.

be supposed to는 어떤 일이 일어날 거라 예상되거나 요구된다는 의미예요. **어떤 일이 계획이나 규칙, 기대에 따라 일어나야 할 때** 써요. 때로는 일이 기대한 대로 되지 않았을 때의 놀라움이나 당황함을 표현할 때도 쓸 수 있어요.

입까지
연결하기

● 짧은 문장 ☐

1   The ball isn't going where it's supposed to.
2   I wasn't supposed to work today, but my boss called me in.

1   공이 엉뚱한 데로 가고 있네요.
2   원래 오늘은 출근 안 하는 날이었는데, 상사가 나오라고 했어요.

● 짧은 대화 ☐

A   Are we supposed to wear something formal to the wedding?
B   No, you can wear something business casual.

A   결혼식 갈 때 정장 입어야 해요?
B   아니에요. 깔끔하고 단정하게만 입으면 돼요.

● 짧은 상황 ☐

I got so frustrated while taking the subway today. Everyone is supposed to line up behind each other while waiting to let passengers get off first. That didn't happen, so there was a lot of pushing.

오늘 지하철을 타면서 너무 답답했다. 승객들이 먼저 내릴 수 있게 뒤에 줄 서서 기다려야 하는데, 그러질 않아서 여기저기서 밀치고 난리였다.

● 한번 해볼까요? ☐

A 여기서 뭐 해? 카페에서 만나기로 했잖아.
   What are you doing here? _____
   _____

B 카페? 저녁 먼저 먹는 줄 알았는데.
   At the café? I thought we were going to get dinner first.

Ans You're supposed to meet me at the café.

소개팅 후 카페에서 "잘 들어갔어요?"라고 문자를 보냈다. 전송 버튼을 누른 지 몇 초도 안 돼서 전화벨이 울린다. 깜짝 놀라 옆에 있는 친구에게

문자 보내자마자 바로 전화가 왔어.

이 말, 영어로 뭐라고 할까요?

● **Teacher Joe's Tip** ☐

머릿속
언어 바꾸기

as soon as를 '~하자마자'로 외워두면 해석에는 큰 문제가 없어요. 하지만 막상 대화 중에 이 표현이 바로 안 떠오른다면 이유는 간단해요. 아직 영어식 사고로 받아들이지 않았기 때문이죠. 사실 as soon as는 단순히 '~하자마자'보다, **'두 일이 거의 동시에 일어났다'**라는 느낌에 더 가까워요.

즉, 영어식 사고로는 〈as soon as = almost at the same time(두 일이 거의 동시에 일어나는)〉 이미지예요. 예를 들어, 비가 그치자마자 아이들이 밖으로 뛰어나갔다면 이렇게 말해요. The kids ran outside as soon as it stopped raining. (비가 그치자마자 아이들이 밖으로 달려 나갔어요.) 여기서 중요한 건 이미지예요. '비가 그친 순간'과 '아이들이 뛴 순간'이 거의 붙어 있는 장면을 떠올리면 딱이죠. 이처럼 시간 간격이 거의 없는 행동을 연결할 때 as soon as는 가장 자연스럽고 강력한 표현이에요.

● **Think in English** ☐

The phrase "as soon as" means **one action happens right after another or almost at the same time**. It shows how quickly the second event follows the first. Sometimes, it also means the first action caused the second one to happen.

as soon as는 한 행동이 끝나자마자 바로 다음 행동이 일어나거나 거의 동시에 일어난다는 뜻이에요. 두 번째 일이 얼마나 빠르게 첫 번째 일 뒤에 일어나는지를 보여줘요. 때론 첫 번째 행동이 두 번째 행동을 유발했다는 의미로 쓰이기도 해요.

입까지
연결하기

● 짧은 문장 ☐

1   **As soon as** I got home, I got ready for bed.
2   Please call me **as soon as** you get to work.

1   집에 오자마자 바로 잘 준비를 했다.
2   회사 도착하자마자 나한테 전화해줘.

● 짧은 대화 ☐

A   Can you order some food for this weekend?
B   Sure, I'll do it **as soon as** I'm done with the laundry.

A   이번 주말에 먹을 음식 좀 주문해 줄래?
B   응. 빨래 끝나는 대로 바로 할게.

● 짧은 상황 ☐

I almost lost my wallet yesterday. I think it fell out of my purse when I was looking for my phone before I crossed the street. **As soon as** I realized it was gone, I turned around and saw it still lying on the ground across the street from me.

어제 지갑을 잃어버릴 뻔했다. 길을 건너기 전에 핸드폰을 찾을 때 가방에서 지갑이 떨어진 것 같다. 잃어버린 걸 알아차리자마자 돌아봤더니, 길 건너편 바닥에 그대로 떨어져 있었다.

● 한번 해볼까요?

A Robin한테 답장 왔어요?
   Did you ever hear back from Robin?
B 아, 네. 문자 보내자마자 바로 전화가 왔어요.
   Oh, yes. _____
   _____

Ans As soon as I texted her, she called me back.

21
회식 자리. 상사가 "이번 분기 실적 달성하면 보너스 팡팡이다!"라고 외치자, 옆에서 삼겹살을 굽던 당신이 고기 뒤집으며 한마디

전 돈에 관심 없어요.

이 말, 영어로 뭐라고 할까요?

● **Teacher Joe's Tip** ☐

머릿속
언어 바꾸기

'관심'이라는 단어를 보자마자 interested가 먼저 떠올랐다면, 아직은 영어식 사고 연습이 조금 더 필요한 단계일 수 있어요. 한국어에서는 '중요하게 생각하다'도 '관심 있다'로 표현하는 경우가 많죠. 예를 들어, '그는 공부에 관심이 많아'라고 하면 실제로는 '그는 공부를 중요하게 생각한다'는 의미에 가깝잖아요? 영어에서는 이 뉘앙스를 그대로 살려서 care about을 씁니다. 〈care about = you think it's important〉 즉, 어떤 걸 '중요하게 생각하다'란 감각이죠. 예를 들어, 승부욕이 강한 친구에게 이렇게 말할 수 있어요. All you care about is winning. (너는 이기는 것만 중요하게 생각하잖아.) 반대로, 어떤 걸 중요하게 생각하지 않는다면 이렇게 하면 됩니다. I don't care about fashion. (난 패션엔 관심 없어.) 결국 '패션을 중요하게 여기지 않는다'는 의미예요. 맥락에 따라 '신경 쓰다', '관심 있다', '중요하게 생각하다'로 번역은 달라질 수 있지만 영어식 사고의 핵심은 변하지 않아요. 즉, **내가 이걸 얼마나 중요하게 보느냐**를 자연스럽게 표현하는 게 바로 care about이에요.

● **Think in English** ☐

If you "care about" something, then you think **it's important, think about it a lot, and often take action because of it.** If you don't care about something, then you don't think it's important at all. This expression is more personal and emotional than simply saying that something is "important."

어떤 것에 대해 care about한다는 것은 **그걸 중요하게 생각하고, 자주 떠올리며, 그것 때문에 행동에 나선다는 뜻이에요.** 반대로 어떤 것에 대해 don't care about한다면, 그것을 전혀 중요하게 생각하지 않는다는 뜻이죠. 이 표현은 단순히 important라고 말하는 것보다 더 개인적이고 감정적인 느낌이에요.

입까지

연결하기

● 짧은 문장 ☐

1   She recycles because she **cares about** the environment.
2   I don't **care about** politics because it's too difficult to understand.

1   그녀는 환경 보호에 관심이 많아 재활용을 한다.
2   정치는 너무 어려워서 관심 없어요.

● 짧은 대화 ☐

A   I think you should buy some new clothes. Yours are out of style.
B   But I don't really **care about** fashion. The clothes I have are fine.

A   옷 좀 새로 사. 옷들이 다 유행이 지났네.
B   근데 난 패션에 별로 관심 없어. 지금 있는 옷으로 충분해.

● 짧은 상황 ☐

My sister had a terrible day at school today because her friends wouldn't talk to her. I **care about** her feelings, so I tried to cheer her up. We ate some ice cream and watched a fun movie together, and she felt much better afterward.

오늘 여동생이 학교에서 친구들이 말을 안 해서 힘든 하루를 보냈다. 동생의 기분에 신경을 쓴다. 그래서 힘이 나게 해주려고 했다. 같이 아이스크림을 먹고 재미있는 영화를 봤다. 그러고 나니 동생 기분이 한결 나아졌다.

● 한번 해볼까요? ☐

A 채용되셨어요. 그런데 월급은 그렇게 많지 않아요.
You're hired, but this job doesn't pay much.

B 전 돈에 관심 없어요. 그냥 도움이 되고 싶어요.
_____ I just want to help out.

Ans I don't care about money.

주말 아침, 친구가 동네에 놀러 왔어요. 어디서 커피 마실까 고민하길래 단골 카페로 데려가며 자신 있게

LECTURES 21-25

거기 커피가 동네에서 최고야.

이 말, 영어로 뭐라고 할까요?

- **Teacher Joe's Tip** ☐

머릿속 언어 바꾸기

한국 학습자들이 특히 어려워하는 표현 중 하나가 in town이에요. town이라고 하면 소도시나 시골 마을이 떠올라서 낯설게 느껴지지만, 실제로는 **'내가 살고 있는 동네나 도시 전체'**를 자연스럽게 가리키는 말이에요. 예를 들어, 내가 사는 곳에서 다음 달에 유명한 축제가 열린다면 이렇게 말해요. There's going to be a big festival in town next month. (다음 달에 우리 동네에서 큰 축제가 열릴 거예요.) 여기서 area나 region 같은 단어를 쓸 필요는 없어요. 그런 단어들은 오히려 딱딱하고 문어체로 들려요. 또 하나 알아둘 점은 out of town이에요. 이 표현은 보통 사람과 함께 쓰여서 **'외지에 나가 있다'**란 뜻으로 자주 쓰여요. He's out of town for a business trip. (그는 출장으로 외지에 나가 있어요.) in town은 '내가 사는 동네', out of town은 '내 동네를 벗어난 상태'로 기억하면 훨씬 자연스럽게 쓸 수 있어요.

- **Think in English** ☐

The phrase "in town" means **the local area or community where you live**. Even though "town" usually means a smaller place, people use this phrase for neighborhoods or big cities like Seoul or New York. It is often used when talking about something being the best or most popular in that area.

in town은 자신이 사는 지역이나 동네를 뜻해요. town은 보통 작은 지역을 뜻하긴 하지만, 서울이나 뉴욕 같은 대도시나 동네를 말할 때도 써요. 또한 그 지역에서 가장 좋거나 인기 있는 것에 대해 말할 때도 자주 써요.

입까지
연결하기

● 짧은 문장 □

1   I'll take you to the best pizza place in town this weekend.
2   This bookstore has the largest collection of books in town.

1   이번 주말에 동네에서 제일 맛있는 피자 가게에 데려갈게요.
2   이 서점이 이 동네에서 책 제일 많아요.

● 짧은 대화 □

A   I need to get a haircut but I don't know where to go.
B   You should try the one by the post office. They give the best haircuts in town.

A   머리 잘라야 하는데 어디로 가야 할지 모르겠네.
B   우체국 옆에 있는 데 가 봐. 거기가 동네에서 머리 제일 잘 잘라.

● 짧은 상황 □

My friend is celebrating the fifth anniversary of her bed and breakfast. It's the nicest bed and breakfast in town, so it's always fully booked. I think I'll buy her a gift to congratulate her.

친구가 민박집 개업 5주년을 맞았다. 동네에서 제일 좋은 민박집이라 항상 예약이 꽉 차 있다. 축하 선물을 하나 사 줘야겠다.

● 한번 해볼까요? ☐

A   Nick's 카페는 아직 안 가봤어.
    I haven't been to Nick's cafe yet.

B   한번 가 봐. 거기 커피가 동네에서 최고야.
    You should go. _____
    _____

Ans The cafe serves the best coffee in town.

이 말, 영어로 뭐라고 할까요?

● Teacher Joe's Tip □

머릿속 언어 바꾸기

'영어는 반복을 싫어한다'는 말, 들어본 적 있으시죠? 특히 같은 명사를 그대로 반복하는 걸 정말 안 좋아해요. 그래서 대명사가 등장합니다. 그런데 여기서 한 걸음 더! 영어는 문장 전체도 대명사로 통쳐버립니다. 그게 바로 this예요. 예를 들어, 이사 온 집에서 커튼 하나 다는 데 한 시간째 씨름 중이라면 We've been trying to hang these curtains up for over an hour. This is so frustrating!(이 커튼 다는 데 한 시간째야. 이거 진짜 짜증 나!)라고 할 수 있죠. 여기서 this는 그냥 '이것'이 아니에요. **앞 문장 전체 상황을 통째로 가리키는 만능 대명사**죠. 만약 this 없이 표현하려면? 앞 문장을 또다시 반복해야 해요. 영어는 그런 걸 싫어하죠. 솔직히 우리도요. 그러니까 〈this = 이것〉에서 멈추지 말고, 'this는 앞 상황을 한 방에 이어주는 연결 고리'로 기억해 두세요. 이 짧은 한마디로 대화가 훨씬 자연스러워집니다.

● Think in English □

The word "this" can refer to **an entire idea or situation mentioned in the previous sentence**. It is often used to point to what was just said, summarize it, or show a reaction to it. You can also use "this" to express your feelings or opinions about that situation.

this는 앞 문장에서 말한 전체 상황이나 생각을 가리킬 때 쓸 수 있어요. 방금 한 말을 다시 가리키거나 정리하고, 그에 대한 반응을 나타낼 때 사용해요. 또한 그 상황에 대한 감정이나 의견을 표현할 때도 자연스럽게 써요.

입까지
연결하기

● 짧은 문장

1   The nail won't go into the wall! **This** doesn't make any sense to me.
2   We're going to ride a hot air balloon? **This** isn't what I expected for our anniversary.

1   못이 벽에 안 박혀! 이거 왜 이러는지 모르겠네.
2   우리 열기구 탄다고? 이건 내가 기념일에 기대한 게 아닌데.

● 짧은 대화

A   I cleaned your desk while you were gone. Everything is now organized.
B   **This** means a lot to me.

A   너 없는 동안 책상 좀 정리해 놨어. 이제 완전 깔끔해.
B   와, 진짜 고마워.

● 짧은 상황

I had a big argument with my sister this morning. **This** really ruined my mood for the rest of the day. I'm going to call her tomorrow and try to make up.

오늘 아침에 누나랑 크게 다퉜다. 그 일 때문에 하루 종일 기분이 안 좋았다. 내일 전화해서 잘 풀어봐야겠다.

● 한번 해볼까요?

A 이 집 정말 예쁘지 않아?
   Isn't this house beautiful?

B 이 동네 집들 좋은 거야 나도 알지. 그런다고 내 마음은 변하지 않아.
   I already know how nice the houses are in this neighborhood.

Ans This isn't going to change my mind.

주말 오후, 친구 집 거실에서 다 같이 영화 보며 뒹굴고 있어요. 그런데 갑자기 친구가 시계를 보더니 일어나며 말합니다.

우린 30분 뒤에 출발할 거야.

이 말, 영어로 뭐라고 할까요?

● Teacher Joe's Tip □

머릿속 언어 바꾸기

영어에서는 꼭 정확한 숫자가 필요할 때가 아니면 half, a few, a couple of 같은 표현을 훨씬 더 자주 써요. 특히 일상 대화에서는 이렇게 말하는 편이 훨씬 자연스럽게 들려요. 예를 들어 half는 전체의 절반을 뜻하죠. half an hour는 '30분'이에요. half a day는 '반나절'이죠. 이걸 굳이 머릿속에서 '1시간의 절반'이나 '하루의 절반'으로 계산할 필요는 없어요. 그냥 half an hour와 half a day를 하나의 덩어리 표현으로 익히는 게 더 편해요. 예를 들어, 집 청소를 하는 데 반나절이 걸렸다면 이렇게 말하면 돼요. It took me half a day to clean the house.(집 청소하는 데 반나절이 걸렸어요.) 이 상황에서 굳이 12 hours라고 말하는 사람은 없어요. 비슷한 표현도 많아요. half a year는 '반년'이에요. half a century는 '50년'이죠. 생각보다 어렵지 않죠? 앞으로 half가 들어간 표현을 볼 때마다 계산하려고 하지 말고 그냥 통째로 기억해 두세요. 그게 훨씬 영어식 사고에 가까운 방법이에요.

● Think in English □

We use "half" to talk about 50% of a time or date, like "half an hour" meaning about 30 minutes. People often choose "half" because it is short, easy to say, and sounds natural when speaking. Also, "half" usually means **an approximate amount, not an exact number**.

half는 시간이나 기간의 50%를 말할 때 써요. 예를 들어 half an hour는 30분 정도를 뜻해요. 사람들이 half를 자주 쓰는 이유는 짧고, 말하기 쉽고, 대화할 때 자연스럽게 들리기 때문이에요. 또한 half는 **보통 정확한 수치가 아니라 대략적인 정도**를 말할 때 써요.

● 짧은 문장 ☐

1 I waited for **half an hour**, but my friend never showed up.
2 That museum has been there for over **half a century**.

1 30분을 기다렸는데, 친구는 끝내 오지 않았다.
2 그 박물관은 50년이 넘도록 그 자리에 있었다.

● 짧은 대화 ☐

A I'll be at the hospital in **half an hour**.
B Okay, you should hurry, though. Your wife is giving birth soon!

A 30분 안에 병원에 도착해.
B 알겠어. 그래도 서둘러야 해. 아기가 곧 나올 거야!

● 짧은 상황 ☐

My client was **half an hour** late to her nail appointment. Because of that, the rest of my appointments were delayed. I might have to start charging a late fee.

고객이 네일 예약 시간에 30분이나 늦었다. 그 바람에 나머지 예약들도 줄줄이 밀렸다. 앞으로는 지각 요금을 받아야 할지도 모르겠다.

- 한번 해볼까요?

A 우린 30분 뒤에 출발할 거야.

B 알겠어요, 짐부터 챙길게요.
Okay, I'll start gathering my things.

Ans We're out of here in half an hour.

이 말, 영어로 뭐라고 할까요?

● **Teacher Joe's Tip**

Thank you. 나 I really appreciate it. 도 좋지만, 가끔은 더 진심 어린 감사함을 표현하고 싶을 때가 있죠. 그럴 때 딱 맞는 표현이 바로 I can't thank you enough. 예요. **말 그대로 '아무리 고맙다고 해도 부족하다'** 는 뜻이에요. 예를 들어, 이른 아침에 공항까지 데려다줘서 고마울 땐 이렇게 말해요. I can't thank you enough for driving me to the airport so early. (이렇게 아침 일찍 공항까지 데려다줘서 정말 고마워요.) 이 표현은 thank you뿐만 아니라 다른 동사에도 쓸 수 있어요. I can't apologize enough for forgetting your birthday. (생일을 잊어서 아무리 사과해도 모자라요.) I can't stress enough how important this meeting is. (이 회의가 얼마나 중요한지 아무리 강조해도 부족해요.) 〈I can't + 동사 + enough〉 패턴만 익히면 감사, 사과, 강조까지 다 표현할 수 있어요. 간단하지만 말에 힘이 실리는 표현이죠.

● **Think in English**

The phrase "I can't thank you enough." means you are very grateful to someone for what they did. It shows that saying "Thank you." is not enough to express how thankful you really are. This phrase helps explain **how much their help or kindness means to you**.

I can't thank you enough.는 누군가가 해준 일에 대해 정말 깊이 감사할 때 쓰는 말이에요. Thank you.라고만 해서는 감사한 마음을 다 표현할 수 없을 정도로 고맙다는 뜻이죠. **상대의 도움이나 친절이 얼마나 큰 의미였는지**를 전할 때 딱 맞는 표현이에요.

입까지

연결하기

● 짧은 문장 ☐

1   **I can't thank you enough for** helping me translate everything.
2   She couldn't thank him enough for all of his support.

1   번역하는 걸 다 도와줘서 정말 고마워요.
2   그녀는 그의 모든 지원에 말로 표현할 수 없을 만큼 고마웠다.

● 짧은 대화 ☐

A   **I can't thank you enough for** helping me move.
B   It was no problem.

A   이사 도와줘서 정말 고마워.
B   에이, 별거 아냐.

● 짧은 상황 ☐

My coworker stopped by my house last night because I was sick and couldn't come to work. She brought me homemade soup and some medicine. **I can't thank her enough for** her kindness.

내가 아파서 출근을 못 하자, 어젯밤에 동료가 집에 들렀다. 집에서 만든 수프와 약을 챙겨 와 줬다. 그녀의 따뜻한 마음이 정말 고맙다.

- 한번 해볼까요?

A 정말 감사해요.

B 별말씀을요. 운전면허 시험 준비를 도울 수 있어서 저도 기뻤어요.
Don't mention it. I was happy to help you prepare for your driver's license test.

Ans I can't thank you enough.

재택근무하면 삶이 한결 편해져.

회사 야근과 출퇴근 지옥에 지친 동료가 한숨을 푹 쉬며 "살기 너무 팍팍하다"라고 말합니다. 그때 커피를 홀짝이며 한마디

LECTURES 26-30

이 말, 영어로 뭐라고 할까요?

● Teacher Joe's Tip □

머릿속 언어 바꾸기

쉬운 단어 하나만 제대로 이해해도 수십 가지 문장을 만들 수 있어요. 그 대표적인 예가 바로 easy예요. 많은 분들이 easy를 단순히 '쉬운'으로만 외우지만, 이 단어는 활용도가 높고 뉘앙스도 꽤 깊어요. 영어식으로는 easy를 〈easy = convenient + comfortable〉처럼 받아들이면 훨씬 자연스러워요. 예를 들어, 집에서 요리하는 것보다 앱으로 주문하는 게 훨씬 간편하겠죠? 그럴 땐 이렇게 말해요. It's easier to order food through an app than to cook at home. (집에서 요리하는 것보다 앱으로 주문하는 게 더 쉬워요.) 여기서 easier는 단순히 '더 쉬운'이 아니라, **'편리하고, 수월하고, 덜 번거로운'** 느낌까지 들어 있어요. 또 easy는 **'시간을 절약하게 해주거나 삶을 단순하게 해주는'** 의미도 있어요. 예를 들어, 건조기 덕분에 평일에도 빨래가 훨씬 수월하다면 이렇게 말해요. The dryer makes it easy for me to keep up with laundry during the week. (건조기 덕분에 평일에도 빨래를 챙기기 쉬워요.) 우리가 알고 있던 '쉬운' 이상의 뜻이 느껴지죠?

● Think in English □

We can use "easy" to mean that something is convenient or comfortable. It doesn't just mean "not difficult," but also that **something saves time or makes life simpler**. People often use "easy" for activities or tools that make things feel more manageable, both physically and mentally.

easy는 편리하거나 편안하다는 뜻으로도 쓸 수 있어요. 단순히 '어렵지 않다'라는 의미뿐 아니라, **시간을 아끼거나 일을 더 간단하게 만들어 준다**는 뜻도 담고 있죠. 육체적으로나 정신적으로 일을 더 수월하게 만들어 주는 활동이나 도구에 자주 쓰이는 표현이에요.

입까지
연결하기

● 짧은 문장 □

1   This app makes it **easy** to send money to your friends.
2   Taking the subway is **easier** than taking the bus.

1   이 앱을 쓰면 친구한테 간편하게 송금할 수 있어.
2   버스보다는 지하철 타는 게 더 편해.

● 짧은 대화 □

A   I want to read this book, but I don't have any time.
B   It will be **easier** if you buy the audiobook. That way, you can listen to it while driving to work.

A   이 책 읽고 싶은데, 시간이 도저히 안 나네.
B   오디오북을 사면 더 편할 거야. 그러면 출근길에 운전하면서 들을 수 있잖아.

● 짧은 상황 □

> Usually, I rely on my phone to track my steps, but I don't always carry it with me, so I bought a smartwatch today. Staying healthy is important to me, and getting 10,000 steps a day is a priority. Having a smartwatch makes it **easier** to count my steps.

걸음 수를 확인할 때는 주로 핸드폰을 사용하는데, 항상 들고 다니진 않아서 오늘 스마트워치를 샀다. 건강 관리를 중요하게 생각하다 보니 하루에 만 보 걷는 걸 우선순위에 두고 있다. 스마트워치가 있으니 걸음 수 세는 게 훨씬 간편해졌다.

● 한번 해볼까요?

A 채용 중인 회사를 찾았는데, 재택근무더라고.
   I found a company that's hiring, but the job is remote.

B 지원해 봐! 재택근무하면 삶이 한결 편해져.
   You should apply!

Ans. Working from home can make your life easier.

이 말, 영어로 뭐라고 할까요?

● Teacher Joe's Tip □

머릿속
언어 바꾸기

'결혼은 해도 그만 안 해도 그만이야'라는 문장을 보면
영어로 어떻게 표현해야 할지 막막하지 않았나요? 이럴 땐
억지로 한국어를 직역하기보다 영어식 사고로 접근하는 게
더 쉬워요. 예를 들어, 자동차를 살 때 '옵션'을 선택하죠.
옵션은 **해도 되고 안 해도 되는 거**예요. 바로 이 개념이
optional이에요. 그래서 Marriage is optional.이라고 하면
결혼도 선택사항이라는 의미가 돼요. 온라인 쇼핑몰에서
알림을 받을지 말지 선택할 수 있을 때도 이렇게 말할 수
있어요. You don't have to sign up for notifications.
It's optional.(알림 신청은 안 해도 돼요. 선택이에요.) 즉,
〈optional = your choice whether to do it or not〉이에요.
'꼭 해야 하는 게 아니라 네 선택'이라는 뉘앙스죠.
이렇게 이해하면 다양한 상황에서 자연스럽게
쓸 수 있어요.

● Think in English □

When something is "optional," it means you don't have to do it. **It is your choice whether to do it or not**. This word is polite and neutral, and people use it when talking about things that depend on personal preference.

무언가가 optional하다는 건 반드시 해야 하는 건 아니라는 뜻이에요. **할지 말지는 본인의 선택이에요.** 이 단어는 정중하고 중립적인 표현으로, 개인의 선호에 따라 달라지는 일에 대해 말할 때 써요.

입까지
연결하기

● 짧은 문장 □

1   Bringing lunch to school is **optional**. Kids can also eat in the cafeteria.
2   Even though wearing a helmet is **optional**, you should still be careful.

1   학교에 도시락을 가져오는 건 선택이에요. 학생들은 급식실을 이용할 수도 있어요.
2   헬멧 착용이 필수는 아니지만, 그래도 조심하는 게 좋아요.

● 짧은 대화 □

A   Do I have to sign up for personal training if I want to use this gym?
B   No, it's **optional**.

A   이 헬스장 이용하려면 PT를 꼭 신청해야 하나요?
B   아니요, 필수는 아니에요.

● 짧은 상황 □

My professor told our class how to get extra credit. If I want to do it, I have to write a paper about cultural differences. It's **optional**, but I think I'll do it to help my grade.

교수님께서 우리 반에 추가 점수 받는 방법을 알려주셨다. 추가 점수를 받으려면, 문화 차이에 관한 리포트를 써야 한다. 꼭 해야 하는 건 아니지만, 성적에 도움이 될 것 같아서 하려고 한다.

● 한번 해볼까요? ☐

A   요즘 결혼 안 하는 사람이 그렇게 많은 거, 이상하지 않아?
      Isn't it weird how so many people don't get married?

B   글쎄. 결혼은 해도 되고 안 해도 되니까. [= 개인의 선택이니까.]
      I don't think so. _____

Ans   Marriage is optional.

주중 내내 바빠서 약속을 못 잡던 당신과 친구들.
드디어 단톡방에서 누군가 말합니다.
"이번 주 토요일에 만나자!" 그러자 당신이 잠깐 달력을 확인하고 난 후 한마디

LECTURES
26-30

토요일에 시간이 될지 모르겠어.

이 말, 영어로 뭐라고 할까요?

머릿속
언어 바꾸기

● **Teacher Joe's Tip** ☐

친구와 약속을 잡을 때 의외로 자주 쓰이는 단어가 work예요. 보통 '일하다'로만 알고 있지만, 실제로는 시간이나 날짜, 계획이 '괜찮다', '잘 맞다', '가능하다'란 뜻으로도 아주 많이 써요. 영어식으로는 work를 suitable과 가깝게 이해하면 좋아요. 예를 들어, 서점을 운영하는 친구에게 오늘 잠깐 들러도 되냐고 물어봤다고 해볼게요. 친구가 점심 이후라면 괜찮다고 하면 이렇게 말해요. Anytime after lunch works for me. (점심 이후라면 언제든 괜찮아.) 오늘은 바빠서 내일은 어떤지 묻고 싶을 때는 이렇게 말해요. I'm busy today. Does tomorrow work? (오늘은 바빠요. 내일은 괜찮나요?) 약속을 잡을 때 이 work는 특히 유용해요. 그냥 〈work = okay〉로 생각하면 자연스러워요. '괜찮다', '잘 맞다', '가능하다'란 뉘앙스와 딱 들어맞거든요.

● **Think in English** ☐

The verb "work" can mean that something is useful, suitable, or effective. People often use it to talk about **whether something fits well with** their schedule or plans. It can also describe if an idea or plan will be successful or go well.

동사 work는 어떤 것이 유용하거나, 적합하거나, 효과적이라는 뜻으로 쓸 수 있어요. **어떤 일이** 일정이나 계획에 **잘 맞는지를 말할 때** 자주 써요. 또한 어떤 아이디어나 계획이 잘될지, 성공할지를 표현할 때도 쓸 수 있어요.

입까지
연결하기

● 짧은 문장 ☐

1   Does 2:30 **work** for everyone?
2   Thursdays **work** for me if they **work** for you.

1   다들 2시 30분 괜찮아요?
2   네가 괜찮으면, 난 목요일도 돼.

● 짧은 대화 ☐

A   What time can we study math together?
B   Anytime after 6 p.m. **works** for me.

A   몇 시에 수학 공부 같이할까?
B   6시 이후에는 아무 때나 괜찮아.

● 짧은 상황 ☐

My gym changed its hours and is now open until midnight. Working out at night **works** best for me because there aren't many people around. I'll be able to use more machines and exercise for much longer.

헬스장이 운영 시간을 바꿔서 이제 자정까지 문을 연다. 밤에는 사람이 별로 없어서 나한테는 밤에 운동하는 게 제일 잘 맞는다. 기구도 더 여유롭게 쓸 수 있고, 운동도 훨씬 오래 할 수 있을 것 같다.

● 한번 해볼까요?

A   다음 주 토요일에 브런치 어때요?
    Can you grab brunch next Saturday?

B   토요일에 시간이 될지 모르겠네요. 다시 연락할게요.

    Let me get back to you.

Ans I don't know if Saturday works for me.

이 말, 영어로 뭐라고 할까요?

● **Teacher Joe's Tip** ☐

영어에서 sleep in은 일부러 늦게 일어나는 걸 뜻해요. 한국어의 '늦잠 자다'와 비슷해 보이지만, 주말이나 휴일처럼 여유롭게 늦게 일어나고 싶을 때 쓰는 표현이에요. 예를 들어, 평일 내내 야근으로 피곤했다면 주말 아침을 이렇게 기대할 수 있죠. I can't wait to sleep in this weekend. (이번 주말에 늦잠 잘 생각하니 너무 기다려져요.) 여기서 중요한 건 sleep in에는 '의도적으로(on purpose) 늦게 자는' 느낌이라는 거예요. 즉, 알람을 끄고 마음 놓고 자는 여유로운 늦잠을 말할 때 딱 맞아요. 반대로 실수로 알람을 못 듣고 늦게 일어났을 땐 oversleep을 써요. 예를 들어, I overslept and missed the bus. (늦잠 자서 버스를 놓쳤어요.) 처럼요. 정리하면, sleep in은 일부러 늦게 자는 여유로운 늦잠, oversleep은 실수로 늦은 늦잠이에요. 특히 sleep in은 주말 계획을 이야기할 때 정말 자주 쓰이는 표현이에요.

머릿속
언어 바꾸기

● **Think in English** ☐

When we "sleep in," it means we wake up later than usual, usually on days off or weekends. People use this phrase when **they choose to sleep longer to rest and relax**. This is different from "oversleeping," which means sleeping too long by accident and possibly missing something important.

sleep in은 평소보다 늦게 일어난다는 뜻으로, 주로 쉬는 날이나 주말에 써요. **푹 쉬고 싶어서 일부러 늦잠을 잘 때** 쓰는 표현이에요. 실수로 늦게 일어나서 중요한 일을 놓칠 때 쓰는 oversleep과는 달라요.

입까지
연결하기

● 짧은 문장 ☐

1   You're so lucky you get to **sleep in** tomorrow.
2   I stayed up until 1 a.m. last night, so I **slept in** this morning.

1   내일 늦잠 잘 수 있다니 진짜 부럽다.
2   어젯밤에 1시까지 안 자서 오늘 아침에 늦잠 잤어.

● 짧은 대화 ☐

A   Our flight isn't until midnight tomorrow, so you can **sleep in** if you want.
B   That's great! I've been needing some sleep.

A   내일 자정 비행기라. 늦잠 자고 싶으면 자도 돼.
B   잘 됐다! 요즘 잠이 좀 부족했거든.

● 짧은 상황 ☐

My YouTube channel has gotten more subscribers recently. Because of that, I've been staying up until 3 a.m. to edit and upload more videos. I think I need to rest, though, so I'm going to **sleep in** tomorrow.

최근 내 유튜브 채널 구독자가 늘었다. 그래서 영상을 더 많이 편집하고 올리느라 새벽 3시까지 안 잔다. 그래도 좀 쉬어야 할 것 같아서 내일은 늦잠 잘 거다.

● 한번 해볼까요? ☐

A 난 일요일에 늦잠 자는 걸 좋아해.

_____

B 나도! 그렇게 쉬면 한 주를 기분 좋게 시작할 수 있어.
Me, too! It really helps me start my week off right.

Ans I love sleeping in on Sundays.

30

프로젝트 발표를 마치고 회의실에서 나오는 당신.
결과는 아쉽게도 기대에 못 미쳤습니다. 옆에서 위로하는 동료에게 씩 웃으며 한마디

LECTURES 26-30

실패에 좀 더 익숙해지려고요.

이 말, 영어로 뭐라고 할까요?

● **Teacher Joe's Tip** ☐

머릿속 언어 바꾸기

'익숙해지다'라는 말을 곱씹어 보면 **결국 '더 편해지다' 라는 뜻**이에요. 다시 말해, 실패에 익숙해진다는 건 실패에 점점 더 편안해진다는 의미죠. 예를 들어볼게요. 피아노를 연습하는데 자꾸 실수해서 속상한 상황이에요. 그럴 때 피아노 선생님이 이렇게 말하며 응원할 수 있어요. Keep trying. You'll get more comfortable with failure the more you practice. (계속 연습해요. 하면 할수록 실패가 덜 어색해질 거예요.) 이 표현의 좋은 점은 failure 자리에 다른 단어를 넣어도 얼마든지 응용할 수 있다는 거예요. 예를 들어, 많은 사람들 앞에서 말하는 데 익숙해져야 한다면 이렇게 쓸 수 있어요. You need to get more comfortable with public speaking. (사람들 앞에서 말하는 데 더 익숙해져야 해요.) 앞으로 〈get more comfortable with + something〉 패턴을 익혀두면, 무언가에 익숙해져야 하는 상황에서 자연스럽게 쓸 수 있을 거예요.

● **Think in English** ☐

The phrase "become comfortable" can be understood as to **become more familiar with something over time**. When you get used to something, it no longer feels awkward or strange; instead, it begins to feel comfortable and natural. In other words, becoming comfortable is essentially about becoming familiar.

become comfortable이라는 표현은 **시간이 지나면서 어떤 것에 더 익숙해지는 것**이라고 이해할 수 있어요. 어떤 것에 익숙해지면 더 이상 어색하거나 낯설지 않고, 오히려 편안하고 자연스럽게 느껴지기 시작해요. 즉, 편안해진다는 것은 본질적으로 익숙해지는 것을 의미해요.

입까지
연결하기

● 짧은 문장 ☐

1   Athletes have to **get more comfortable with** failure if they want to improve.
2   After his first business failed, he **got more comfortable with** failure and tried again.

1   선수들은 성장하려면 실패에 익숙해져야 한다.
2   첫 사업이 실패한 뒤, 그는 실패를 자연스럽게 받아들이게 되었고 다시 도전했다.

● 짧은 대화 ☐

A   I feel devastated that my first startup has closed.
B   You need to **get more comfortable with** failure if you want to be a successful entrepreneur.

A   첫 번째 창업이 망한 게 정말 충격이야.
B   사업가로 성공하고 싶다면 실패에 좀 더 익숙해져야 해.

● 짧은 상황 ☐

After weeks of practicing, I finally took my driving test yesterday. I was really nervous the whole time and failed. My friend cheered me up by saying it's okay and that I should **get more comfortable with** failure so I won't be as scared next time.

몇 주 동안 연습한 끝에 드디어 어제 운전면허 시험을 봤다. 시험 내내 너무 긴장해서 떨어지고 말았다. 친구가 괜찮다고 위로해 주면서, 다음엔 좀 덜 두려울 수 있게 실패에 좀 더 익숙해지는 게 좋겠다고 말해주었다.

● 한번 해볼까요?

A 실패에 좀 더 익숙해지려고요.

B 좋은 마음가짐이에요. 일이 잘 안 풀릴 때도 받아들일 줄 알아야 해요.
That's a good mindset. We need to accept when things go wrong.

Ans I'm trying to get more comfortable with failure.

본사로 승진 제안을 받았는데, 하필 서울에서 먼 부산이다.
조심스럽게 그 제안을 거절하며 하는 말

죄송하지만, 거절해야 할 것 같아요.

LECTURES 31-35

이 말, 영어로 뭐라고 할까요?

● **Teacher Joe's Tip** ☐

머릿속
언어 바꾸기

영어를 유창하게 말하는 사람들의 비밀은 사실 의외로
단순해요. 어려운 단어를 줄줄 외우는 게 아니라, **쉬운 단어를
기가 막히게 조합해서 쓰는** 거죠. 예를 들어, say와 no.
초등학생도 아는 단어들이지만, 막상 〈say + no〉를
자연스럽게 쓰는 사람은 많지 않아요. 왜 그럴까요? 우리는
'거절하다' 하면 왠지 비즈니스 계약서에나 나올 법한
reject나 refuse 같은 단어부터 떠올리거든요. 하지만 관점을
조금만 바꿔보세요. 회사에 새로운 아이디어만 나오면
늘 거절하는 동료가 있다면 이렇게 말할 수 있어요.
He always says no. (그 사람은 늘 거절해요.) 반대로 뭐든 좋다며
다 받아주는 동료라면 이렇게 되겠죠. She always says yes.
(그녀는 늘 긍정해요.) 느낌이 오죠? 영어에서는 이렇게
〈say + something〉이 정말 다양하게 쓰여요. 인사할 땐
say hi, 사과할 땐 say sorry. 결국 영어식 사고는
'쉬운 단어를 멋지게 쓰는 기술'이에요.

● **Think in English** ☐

The verb "say" can be combined with simple words to create many natural expressions in English. These "say + word" combinations are popular because **they're easy to remember and sound natural**. Common examples include "say no" to politely refuse something or "say yes" to agree.

동사 say는 간단한 단어와 결합해 영어에서 자연스러운 표현을 많이 만들 수 있어요. 이러한 'say + 단어' 조합은 **기억하기 쉽고 자연스럽게 들리기** 때문에 많이 쓰여요. 대표적인 예로는 정중하게 거절할 때 쓰는 say no, 동의할 때 쓰는 say yes가 있어요.

● 짧은 문장 ☐

1   You should **say no** to him if you don't want to go to the dance.
2   I think I'm going to **say yes** to the job offer.

1   댄스 파티에 가기 싫으면, 거절하는 게 좋아.
2   그 일자리 제안을 받아들이려고 해요.

● 짧은 대화 ☐

A   The actor is standing over there.
B   Really? I think I'll go over and **say hi**.

A   배우가 저쪽에 서 있어.
B   진짜? 가서 인사라도 해봐야겠다.

● 짧은 상황 ☐

> I had a terrible day at school today. I left my part of a group project at home, so all of my group members got upset with me. I wanted to **say sorry**, but they didn't give me the chance.

오늘 학교에서 최악의 하루를 보냈다. 조별 과제에서 내가 맡은 부분을 집에 두고 와서 조원들이 다 나한테 화가 났다. 사과하고 싶었지만, 말할 기회조차 주지 않았다.

● 한번 해볼까요?

A 본사로 승진시키고 싶어요. 부산으로 이사하실 수 있겠어요?
We'd like to promote you to our head office.
Would you be willing to move to Busan?

B 죄송하지만, 거절해야 할 것 같아요.

Ans I'm sorry, but I'm going to have to say no.

꼭 지금 해야 돼?

점심시간에 막 도시락을 열어서 한 숟갈 넣으려는데, 옆자리 동료가 갑자기 보고서 피드백을 부탁합니다. 숟가락 들고 멈칫하며 한마디

LECTURES 31-35

이 말, 영어로 뭐라고 할까요?

● **Teacher Joe's Tip** ☐

머릿속
언어 바꾸기

대부분의 학습자들은 wait라는 단어를 배울 때
'누가 누구를 기다린다'는 구조, 즉 〈someone + wait〉
형태에만 익숙해 있어요. 예를 들어, I'm waiting for
my friend.(나는 친구를 기다리고 있어.)와 같은 문장이
대표적이죠. 하지만 네이티브는 다르게 생각해요.
사람만 기다리는 게 아니라, 일도 기다릴 수 있다고 보죠.
바로 〈something + wait〉 구조예요. 예를 들어, 다음
상황을 생각해보세요. 저녁을 배부르게 먹고 난 뒤
설거지를 둘러싼 신혼부부의 실랑이가 시작됩니다.
이때 한쪽이 이렇게 말할 수 있습니다. The dishes can
wait. Let's relax a bit.(설거지는 나중에 해도 돼. 좀 쉬자.)
이 한마디로 설거지는 '지금 당장 할 필요 없는 일'로
순식간에 우선순위에서 밀려나죠. 이 표현은 특히나
바쁠 때, 우선순위를 정할 때, 혹은 상대에게
은근슬쩍 '그거 지금 안 해도 돼'라고 말하고 싶을 때
완벽해요. 그러니 이제는 사람만 아니라, 설거지,
이메일, 빨래까지 기다리게 해보세요. That email
can wait until tomorrow.(그 이메일은 내일까지 미뤄도 돼.)
Laundry can wait. Let's go for a walk.
(빨래는 나중에 하고, 산책 가자.)

● **Think in English** ☐

We use "something + wait" to talk about **whether a task or
action can be delayed**. If it must be done immediately,
we say it "can't wait." This way of speaking is casual and
often used when deciding how urgent something is.

'something + wait' 구조는 **어떤 일이나 행동을 미뤄도 되는지** 말할 때 써요. 당장 해야 한다면
can't wait이라고 말해요. 일상적인 표현으로, 어떤 일이 얼마나 급한지 판단할 때 자주 쓰여요.

입까지
연결하기

● 짧은 문장 ☐

1   **Can** the laundry **wait** until tomorrow?
2   **Can** grocery shopping **wait** until this weekend?

1   빨래 내일 해도 돼?
2   장 보는 건 주말에 해도 되지?

● 짧은 대화 ☐

A   **Can** your question **wait** until after the presentation?
B   Yes, it can. Please continue with what you were saying.

A   질문은 발표 끝나고 해주실래요?
B   네, 그럴게요. 계속 말씀해 주세요.

● 짧은 상황 ☐

I was doing my taxes when I suddenly got a message from a friend. I thought it **could wait**, so I didn't reply right away. However, the taxes took longer than usual, and I completely forgot to message back!

세금 신고를 하고 있는데 갑자기 친구한테서 메시지가 왔다. 급한 건 아니겠지 싶어서 바로 답장을 안 했다. 그런데 세금 신고가 평소보다 오래 걸려서, 답장하는 걸 완전히 잊고 말았다!

● 한번 해볼까요?

A   이거 꼭 지금 해야 돼?

    _____

B   4시로 미룰 수는 있는데, 오늘 안에는 꼭 해야 해.
    I can push it to 4, but it has to be done today.

Ans Can this wait?

전기차 충전소 앞을 지나는데, 줄 서 있는 차들이 눈에 띄게 많아졌습니다. 차를 보며 고개를 끄덕이며 한마디

전기차가 점점 대중화되고 있는 것 같아요.

이 말, 영어로 뭐라고 할까요?

● **Teacher Joe's Tip**　　　　　　　　　　머릿속
　　　　　　　　　　　　　　　　　　　　언어 바꾸기

대부분 popular를 그냥 '인기 있는'으로만 외워요. 하지만 사실 popular는 말 그대로 many people like, use, or enjoy it, 즉 **많은 사람들이 좋아하는 거**예요. 예를 들어, 요즘 인형 뽑기를 하는 사람이 많아 놀랐다면 이렇게 말할 수 있어요. I didn't realize claw machines had become so popular.(인형 뽑기가 이렇게 인기 많아진 줄 몰랐어요.) 여기서 popular는 단순히 '인기 있다'는 뜻을 넘어, 사람들이 실제로 좋아하고 즐기는 느낌까지 담고 있는 말이에요. 형용사는 이렇게 맥락을 그림처럼 떠올리면서 익히는 게 훨씬 좋아요. 이제 popular를 볼 때마다 '많은 사람들이 좋아하는 것'이 자연스럽게 떠오르면 성공이에요.

● **Think in English**

When something is "popular," **many people like, use, or enjoy it**. We can call people, things, activities, or trends popular when lots of people like them. "Popular" means many people like something, while "famous" means many people know about it, even if they don't like it.

어떤 것이 popular하다고 하면, 많은 사람들이 그것을 좋아하거나 사용하거나 즐긴다는 뜻이에요. 사람이나 물건, 활동, 유행 등 사람들이 좋아하는 것에 대해 popular하다고 말할 수 있어요. 즉, 많은 사람들이 좋아한다는 뜻이에요. 반면 famous는 꼭 좋아하지는 않더라도 많은 사람들이 그에 대해 알고 있다는 뜻이에요.

입까지
연결하기

● 짧은 문장 ☐

1   It seems that skinny jeans have become **popular** again.
2   The new Galaxy has become **popular** among teenagers.

1   스키니진이 다시 유행하는 것 같아요.
2   요즘 십 대들 사이에서 새 갤럭시폰을 많이 쓰더라고요.

● 짧은 대화 ☐

A   Seongsu is really **popular** among tourists these days.
B   It is. I had to wait over an hour to get into a cafe in that area.

A   요즘 성수에 관광객들 진짜 많이 몰리더라.
B   맞아. 거기서 카페 들어가려고 한 시간 넘게 기다렸다니까.

● 짧은 상황 ☐

I started playing a new mobile game today. You get to play with other people online, and the goal is to collect as many gems as possible together. I think the game is **popular** because there are players from all over the world.

오늘 새로운 모바일 게임을 한번 해봤다. 온라인에서 다른 사람들이랑 플레이를 하게 되면서 최대한 많은 보석을 모으는 게 목표다. 전 세계 사람들이 하는 걸 보니, 요즘 많이들 하는 게임인 것 같다.

- **한번 해볼까요?**

A 전기차가 점점 대중화되고 있는 것 같아요.

_____

_____

B 그러게요. 저희 형수도 지난주에 전기차를 사셨더라고요.
It seems like it. My sister-in-law just bought one last week.

Ans | I think electric cars are getting more popular.

34

이번 계약이 날아가면 회사에서 자기 자리도 함께 날아갈지도 모른다며 걱정하는 직장 동료. 어떻게든 해보겠다며 안심시키면서 하는 말

꼭 되도록 해볼게요.

이 말, 영어로 뭐라고 할까요?

_____

_____

● Teacher Joe's Tip

머릿속 언어 바꾸기

make sure 하면 어떤 그림이 떠오르나요? 보통 '확실히 하다'라는 우리말이 먼저 생각나죠. 그런데 영어식으로는 이보다 더 직접적이에요. **'어떤 일이 실제로 일어나게 하는 장면'**이 떠올라야 해요. 왜냐하면, make sure는 단순히 확인하는 게 아니라, 원하는 일이 실제로 일어나도록 챙기는 뉘앙스가 담겨 있기 때문이에요. 예를 들어, 러닝하기 전에 워밍업은 필수예요. 이럴 땐 이렇게 말하죠. Make sure you warm up before you run. (뛰기 전에 꼭 워밍업하세요.) 또 다른 상황을 볼게요. 미용실 예약에 늦을까 봐 불안해하는 친구에게 이렇게 말할 수 있어요. Relax. I'll make sure you aren't late for your appointment. (진정해. 절대 늦지 않게 내가 챙길게.) 이 두 문장에서 공통점이 보이나요? make sure는 '그 일이 실제로 일어나도록' 확인하거나 챙기는 상황에서 쓰여요.

● Think in English

"Make sure" means **you do everything needed to be certain something happens**. It sounds confident and shows you feel responsible for finishing a task. Compared to words like "try" or "hope," "make sure" is stronger and shows you are determined to get the job done.

make sure는 **어떤 일이 확실히 일어나도록 필요한 모든 것을 한다**는 뜻이에요. 자신감 있게 들리고, 어떤 일을 끝까지 책임지고 해내려는 태도를 보여줘요. make sure는 try나 hope같은 단어보다 더 강한 표현이고, 반드시 일을 해내겠다는 결심이 담겨 있어요.

입까지
연결하기

● 짧은 문장 □

1   Please **make sure** to call me after you land at the airport.
2   She **made sure** all of the patients were comfortable.

1   공항에 도착하면 꼭 전화해요.
2   그녀는 모든 환자가 편안한지 확인했다.

● 짧은 대화 □

A   Can you send the wedding invitations today?
B   Yes, I'll **make sure** to send them to everyone on KakaoTalk today.

A   오늘 청첩장 보낼 수 있어?
B   응, 오늘 카카오톡으로 다 보낼게.

● 짧은 상황 □

My parents are visiting this weekend, so I have a lot of chores to do. I have to **make sure** the entire apartment is clean. If it isn't, my mother will complain.

이번 주말에 부모님이 오셔서 집안일 할 게 많다. 집 안 구석구석까지 깨끗이 해야 한다.
안 그러면 어머니가 분명 한마디 하실 거다.

● 한번 해볼까요? ☐

A 이번 계약은 당신을 믿고 맡길게요.
   I'm trusting you to close this deal.

B 걱정하지 마세요. 꼭 되도록 해볼게요.
   Don't worry. _____

Ans I'll make sure it works out.

35

옷가게에서 친구가 "이거 온라인으로 사면 더 싸다는데?"라고 말합니다.
옷걸이에 걸린 바지를 들여다보며 한마디

나는 입어보지 않고는 바지 절대 안 사.

이 말, 영어로 뭐라고 할까요?

머릿속
언어 바꾸기

● **Teacher Joe's Tip** ☐

unless가 왜 이렇게 헷갈릴까요? 이유는 간단해요. 대부분 unless를 if not으로만 외워왔기 때문이에요. 문제는 여기서 시작돼요. unless 자체가 이미 부정의 느낌을 갖고 있는데, 앞 문장이 부정문이면 not을 한 번 더 붙이고 싶어져요. 그래서 unless는 눈으로 볼 때도 헷갈리고, 말할 땐 더 어색해지는 거예요. 이럴 땐 〈unless = except if〉로 기억하면 훨씬 직관적이에요. 예를 들어, I never answer my phone unless I know the caller.는 '나는 전화를 받지 않아요. 단, 전화를 건 사람을 알 때는 예외예요.'라는 뜻이에요. 즉, **부정적인 상황에 예외 조건을 붙이는 그림**이죠. 결국 unless는 '부정 + 예외'를 표현하는 말이에요. if not 대신 except if로 떠올리면 훨씬 자연스럽게 이해되고, 더 이상 헷갈리지 않을 거예요.

● **Think in English** ☐

"Unless" means "except if" and **shows the one situation that will change what happens**. We often use "unless" instead of "if" to sound more natural and to avoid confusing double negatives. It helps us clearly show the single condition that would make us do something different.

unless는 except if(만약 ~하지 않는다면)와 같은 의미로, **어떤 일이 바뀌게 되는 유일한 조건을 말할 때** 써요. if 대신 unless를 쓰면 문장이 더 자연스럽고, 이중 부정으로 인한 혼동도 피할 수 있어요. 어떤 행동을 바꾸게 만드는 한 가지 조건을 더 명확하게 보여주는 데 도움이 되는 표현이에요.

입까지

연결하기

● 짧은 문장 ☐

1   You can't enter this building **unless** you show your ID.
2   I can't help you **unless** you tell me what's wrong.

1   신분증을 보여주지 않으면 건물에 못 들어가요.
2   무슨 일인지 말 안 해주면 도와줄 수 없어.

● 짧은 대화 ☐

A   I'm sorry, but you can't eat here **unless** you have a membership.
B   But I've eaten here before without one!

A   죄송하지만, 멤버십이 없으면 여기서 식사하실 수 없습니다.
B   근데 전 예전에 멤버십 없이도 여기서 먹은 적 있어요!

● 짧은 상황 ☐

> I found a great apartment today, and the rent is 50 percent cheaper than others in the area. The only problem is the deposit. I can't rent the place **unless** I pay the deposit to the landlord by tomorrow.

오늘 괜찮은 아파트를 하나 찾았는데, 근처 다른 집들보다 월세가 50%나 저렴하다.
문제는 보증금이다. 내일까지 집주인한테 보증금을 내지 않으면 계약을 못 한다.

● 한번 해볼까요? ☐

A 네가 갖고 싶다고 했던 와이드 팬츠, 지금 온라인에서 20% 할인 중이야. 얼른 사!
The wide-legged pants you want are 20 percent off online. You should get them!

B 좋긴 한데, 나는 입어보지 않고는 바지 절대 안 사. 이번 주말에 매장에 가봐야겠다.
That's great, but _____
_____ I'll go to the store this weekend.

Ans I never buy pants unless I can try them on first.

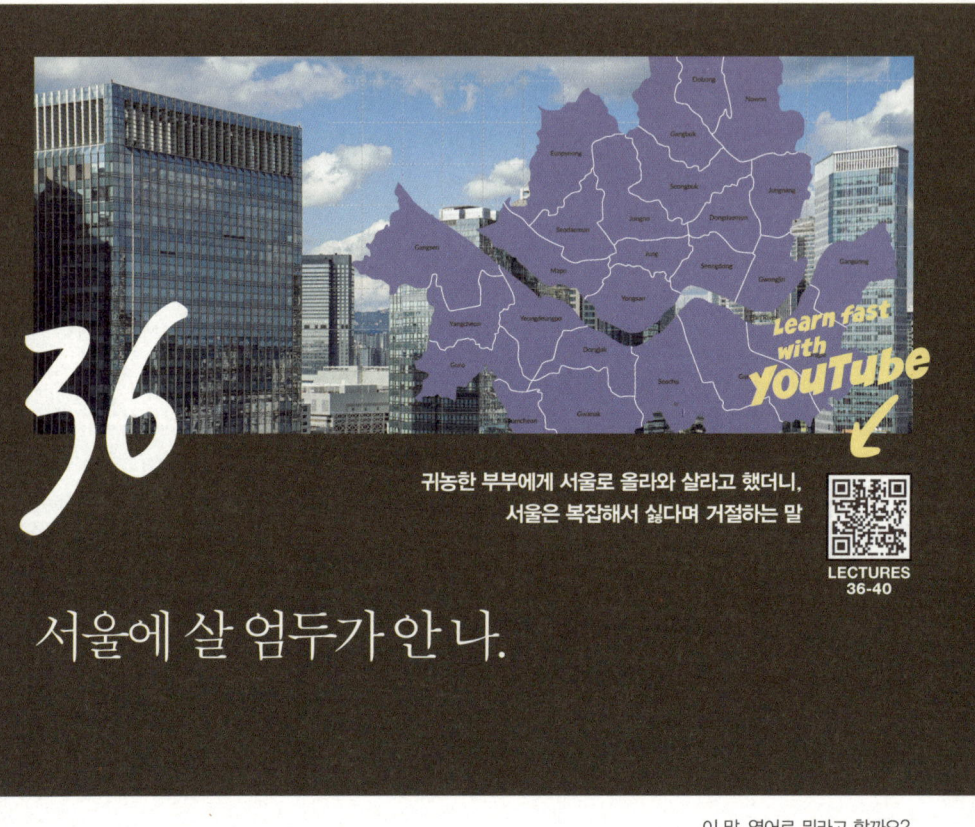

36

귀농한 부부에게 서울로 올라와 살라고 했더니, 서울은 복잡해서 싫다며 거절하는 말

LECTURES 36-40

서울에 살 엄두가 안 나.

이 말, 영어로 뭐라고 할까요?

● **Teacher Joe's Tip** ☐

머릿속 언어 바꾸기

'~를 할 엄두가 안 난다'는 표현, 어려워 보이지만 영어로는 의외로 간단해요. 기본 동사 see 하나면 충분해요. '자신이 ~하는 모습을 본다'는 뜻으로 〈see oneself + 동명사〉 구조를 쓰면 되거든요. 예를 들어, 고기를 좋아하는 사람이 채소만 먹고 사는 건 상상도 안 되겠죠? 영어로는 이렇게 말해요. I can't see myself only eating vegetables. (채소만 먹고 사는 건 도저히 상상이 안 돼요.) 여기서 see는 영어식 사고로 보면 **picture나 imagine에 가까운 의미**예요. 눈앞에 장면이 그려지듯 내가 그렇게 행동하는 모습을 떠올리는 거죠. see를 쓰면 I think보다 조금 더 개인적이고 구체적인 뉘앙스가 들어가요. 막연한 생각이 아니라 머릿속에 실제 장면이 그려지는 느낌이니까요. 일상 대화에서 제법 자주 쓰이는 표현이니 꼭 익혀두세요!

● **Think in English** ☐

We use "see oneself + verb-ing" to imagine what might happen to us in the future. It shows if we believe something is possible or likely to happen, or if we don't ("I can't see..."). This phrase sounds **more natural and personal than just saying "I think" or "I don't think."**

'see oneself + 동사-ing' 구문은 미래에 자신에게 일어날 수 있는 일을 상상할 때 써요. 그 일이 가능하거나 일어날 것 같다고 생각하는지, 아니면 그렇지 않은지(I can't see...)를 보여주죠. **단순히 I think나 I don't think라고 말하는 것보다 좀 더 자연스럽고 개인적인 느낌**을 줘요.

입까지
연결하기

● 짧은 문장 ☐

1   I can't **see myself skydiving**.
2   She **sees herself ice skating** professionally one day.

1   스카이다이빙은 엄두가 안 난다.
2   그녀는 언젠가 프로로 피겨 스케이팅을 하게 될 수도 있다고 생각한다.

● 짧은 대화 ☐

A   Do you want to do the sky walk with me at Lotte Tower this weekend?
B   I can't **see myself doing** that. I'm really afraid of heights!

A   이번 주말에 나랑 롯데타워 스카이워크 체험하러 갈래?
B   난 그런 거 못 할 것 같아. 고소공포증 엄청 심하거든!

● 짧은 상황 ☐

I baked some cookies yesterday because I wanted to try a new recipe. Today, I shared those cookies with friends and they loved them. That makes me happy because I can see **myself becoming** a bakery owner someday.

어제 새로운 레시피로 만들어 보고 싶어서 쿠키를 구웠다. 오늘 그 쿠키를 친구들과 나눠 먹었는데, 다들 맛있다고 좋아했다. 언젠가 베이커리 사장이 된 내 모습이 그려져서 기분이 참 좋다.

● 한번 해볼까요?

A 너희 서울로 이사 오는 건 어때?
　Why don't you guys move to Seoul?

B 서울에 살 엄두가 안 나. 너무 복잡하잖아.
　_____ It's too crowded.

Ans I can't see myself living in Seoul.

37

프로젝트 자료가 날아가서 팀이 다같이 허탈해하는 분위기.
모니터를 보며 한숨 쉬다 위로하듯 한마디

LECTURES 36-40

일이 꼬일 때도 있는 법이니까.

이 말, 영어로 뭐라고 할까요?

● **Teacher Joe's Tip**　□　　　　　　　　머릿속
　　　　　　　　　　　　　　　　　　　　언어 바꾸기

영어 원어민이 입에 달고 사는 주어 중 하나가 things예요.
그런데 여기서 things는 '물건들'이 아니에요. 인생에서
벌어지는 **크고 작은 일들, 상황, 변화까지 다 싸잡아 부르는
만능 단어**죠. 예를 들어, 새 직장에 적응 중인데 별 탈 없이
잘 지내고 있다면 이렇게 말해요. Things are going well at
my new job.(새 직장에서 일이 잘 풀리고 있어요.) 이 한마디면
업무 적응, 동료들과의 관계, 출퇴근까지 다 포함돼요.
일일이 나열할 필요 없이, 그냥 things로 묶어버리는 거죠.
결국 things는 '이런저런 일들'의 올인원 패키지예요.
딱 집어 설명하기 귀찮을 때, 아니 애매할 때 더 빛나요.
그러니 굳이 "왜 things를 쓰지?" 하고 따지지 말고
이렇게 생각하세요. 영어에서는 그냥
이런저런 일이 다 things인 거예요. When in doubt, just
call it "things."(모르겠으면 그냥 things라고 하세요!)

● **Think in English**　□

The word "things" can mean different situations, events, or experiences. It is a general and flexible word that can **describe many parts of everyday life**. People use "things" a lot because it sounds natural and casual, unlike more formal words like "situations" or "circumstances."

things는 다양한 상황, 사건, 또는 경험을 의미할 수 있어요. **일상생활의 많은 부분을 표현**할 수 있는 일반적이고 유연한 표현이에요. 사람들은 situations나 circumstances 같은 격식 있는 표현보다 더 자연스럽고 일상적인 느낌이 나는 things를 많이 써요.

입까지
연결하기

● 짧은 문장 ☐

1   **Things** are different now.
2   I think **things** are getting better among my family members.

1   지금은 상황이 달라요.
2   가족들 사이가 점점 좋아지고 있는 것 같아요.

● 짧은 대화 ☐

A   I haven't seen you in a while! How have you been?
B   I'm sorry about that. **Things** have been really busy.

A   오랜만이네! 그동안 잘 지냈어?
B   그러게, 미안. 요즘 진짜 정신없었어.

● 짧은 상황 ☐

I've been concerned about my weight these days because my last health check-up didn't go well. **Things** have been getting better, though. I've lost one kilogram so far, thanks to eating healthier meals and exercising.

최근 받은 건강검진 결과가 좋지 않아서 요즘 계속 체중이 신경 쓰였다. 그래도 조금씩 나아지고 있다. 식단을 더 건강하게 바꾸고 운동한 덕분에 지금까지 1kg을 감량했다.

● 한번 해볼까요?

A 여행이 취소됐다니 안타깝다. 정말 기대하고 있었잖아.
   I'm sorry your trip was canceled. I know you were really looking forward to it.

B 괜찮아. 일이 꼬일 때도 있는 법이니까.

   It's okay. _____

Ans Sometimes, things go wrong.

전화해야겠네요.

이 말, 영어로 뭐라고 할까요?

● **Teacher Joe's Tip**

머릿속
언어 바꾸기

많은 학습자들이 owe를 '돈을 빚지다'로만 알고 있어요. 하지만 원어민은 돈뿐만 아니라 훨씬 더 다양한 상황에서 이 단어를 써요. owe를 영어식으로 이해하면 훨씬 쉬워져요. 핵심은 '빚지다'가 아니라 **'누군가에게 마땅히 줘야 할 책임이 있다'**는 그림이에요. 예를 들어, 급히 미팅에 들어가느라 중요한 파일을 두고 나왔는데 동료가 대신 챙겨줬다고 해볼게요. 그때 '나중에 커피라도 사야겠다'는 말은 이렇게 돼요. I owe you a coffee. (커피 한 잔 빚졌어요.) 또 영화나 미드에서 자주 듣는 표현 중 하나는 이거예요. I owe you big time. (너한테 크게 신세졌어.) 보이죠? owe는 돈뿐만 아니라 감사, 사과, 설명 등 '내가 갚아야 할 무언가가 있는 상황'에 쓰여요. 이제 owe를 단순히 '빚지다'로 외우지 말고, '줘야 할 책임이 있다'란 영어식 그림으로 익히세요. 이 관점이 잡히면 owe가 훨씬 자연스럽게 입에 붙을 거예요.

● **Think in English**

Sometimes, "owe" means you feel like you should do something because it is the right or fair thing to do. It doesn't always mean paying money; it can **show a feeling of duty or responsibility**. People often use "owe" when they want to help someone out of kindness, respect, or because they feel guilty.

때때로 owe는 그것이 옳거나 공평한 일이라고 느끼기 때문에 당신이 무언가를 해야 한다고 느끼는 것을 의미해요. 그것이 항상 돈을 내는 것을 의미하는 것은 아니고, **의무감이나 책임감을 나타낼** 수 있어요. 사람들은 친절함이나 존경심, 혹은 죄책감을 느끼기 때문에 누군가를 돕고 싶을 때 owe를 자주 사용해요.

입까지
연결하기

● 짧은 문장 ☐

1   I think I **owe** you all an explanation.
2   I **owe** you an apology for getting upset.

1   모두에게 설명해야 할 것 같아요.
2   화낸 거 사과할게.

● 짧은 대화 ☐

A   Will you be joining us this weekend?
B   I can't. I **owe** my sister a favor.

A   이번 주말에 같이 갈 거야?
B   못 갈 것 같아. 누나 부탁을 들어주기로 해서.

● 짧은 상황 ☐

I had to take my car to the repair shop yesterday because I got into an accident. Since it was far away, my friend drove his car to come with me so I would have a ride home. I **owe** him a thank-you coffee for helping me.

어제 사고가 나서 차를 정비소에 맡기러 가야 했다. 정비소가 멀어서 친구가 자기 차를 몰고 같이 가줬고, 덕분에 나는 집에 올 수 있었다. 도와준 친구한테 감사의 의미로 커피 한 잔 꼭 사야겠다.

● 한번 해볼까요?

A Rebecca랑 계속 연락하고 있어?
   Have you kept in touch with Rebecca?

B 아니. 전화해 봐야겠네.
   Not really. _____

Ans I owe her a call.

해외에서 영어 공부 중인 친구가 영상 통화로 "나 이제 거의 원어민 같지 않아?"라고 묻습니다. 웃으며 장난스럽게 한마디

한국 억양은 절대 사라지지 않아.

이 말, 영어로 뭐라고 할까요?

● **Teacher Joe's Tip** □

머릿속
언어 바꾸기

실전 영어는 시험 영어보다 더 생생하게 그림이 그려지는 표현을 선호해요. 예를 들어, '사라지다'를 disappear라고 할 수도 있지만, 실제 대화에서는 go away가 훨씬 자연스럽게 쓰여요. 왜냐하면 go는 '가다', away는 '멀리 떨어지다'라는 뜻이어서, 두 단어가 합쳐지면 **멀리 사라져 가는 모습이 머릿속에 그려지기 때문**이에요. 이런 표현이 바로 구동사(phrasal verb)예요. 여기서 중요한 포인트는 단어 하나가 아니라 패턴이에요. 실제 회화에서는 〈무엇 + go away〉 구조로 자주 쓰이거든요. 예를 들어, 기침이 몇 주째 계속된다면 이렇게 말해요. I wish my cough would go away.(기침이 사라졌으면 좋겠어요.) 여기서 한 발 더 나가면 눈에 보이지 않는 감정이나 문제에도 그대로 적용돼요. I just want this problem to go away.(이 문제가 그냥 없어졌으면 좋겠어요.) 결국 핵심은 이거예요. 영어를 우리말식으로 해석하려고 애쓰는 대신, 원어민이 쓰는 패턴 자체를 받아들이는 것!

● **Think in English** □

The phrase "go away" means that something stops or disappears slowly. It suggests that **something fades over time, not right away**. People often use "go away" for things you can feel, like pain or sadness, or things you can see or hear, like a noise or a stain.

go away는 어떤 것이 서서히 멈추거나 사라진다는 뜻이에요. 이 표현은 **즉시가 아니라, 시간이 지나면서 서서히 희미해지는** 느낌을 줘요. 사람들은 주로 통증이나 슬픔처럼 느낄 수 있는 것, 혹은 소음이나 얼룩처럼 눈으로 보거나 귀로 들을 수 있는 것에 대해 go away를 사용해요.

입까지
연결하기

● 짧은 문장 ☐

1   If you take some Tylenol, your headache will go away.
2   I got worried when the bruise didn't go away after a few weeks.

1   타이레놀을 먹으면 두통이 가라앉을 거예요.
2   몇 주가 지나도 멍이 안 빠져서 걱정했어요.

● 짧은 대화 ☐

A   I feel so nervous about my speech tomorrow.
B   You'll be okay. At least the nervousness will go away afterward.

A   내일 발표 너무 떨려.
B   괜찮아. 끝나고 나면 긴장도 싹 사라질 거야.

● 짧은 상황 ☐

I woke up with a bad toothache this morning. I think it's because I've been forgetting to brush my teeth since work has been stressful. I hope it goes away by tomorrow.

아침에 일어났는데 이가 너무 아팠다. 요즘 일 때문에 스트레스를 많이 받아서 양치를 자주 깜빡해서 그런 것 같다. 내일까지 좀 나아졌으면 좋겠다.

● 한번 해볼까요?

A 억양 없이 말하고 싶어.
I really want to speak without an accent.

B 한국 억양은 절대 사라지지 않아. 너무 걱정 안 해도 돼.

_____

I wouldn't worry about it so much.

Ans Your Korean accent never goes away.

연인과 사소한 다툼 후, 카페에서 마주 앉아 대화 중. 잠시 침묵이 흐른 뒤 조심스럽게 한마디

LECTURES 36-40

지금은 서로 시간을 갖는 게 좋겠어.

이 말, 영어로 뭐라고 할까요?

● **Teacher Joe's Tip**

머릿속 언어 바꾸기

for now는 단순히 '지금'이라는 뜻이 아니에요. 정확히는 '앞으로는 바뀔 수도 있지만, 지금 당장은' 이라는 의미예요. 영어식 사고로 풀면 it could change later에 가까워요. 예를 들어, 오후에 비가 예보돼서 당분간 집에 있으려고 한다면 이렇게 말해요. Maybe it's best to stay inside for now. (아마 지금은 집에 있는 게 좋겠어요.) 여기서 중요한 건 비가 그치면 나갈 수도 있다는 여지를 담고 있다는 점이에요. 그래서 for now는 **'지금은 이렇게, 하지만 나중엔 달라질 수 있음'**을 자연스럽게 표현할 때 쓰여요. 이 표현은 뉴스에서도 자주 등장해요. 매체 특성상 '현재는 이렇지만, 앞으로는 상황이 바뀔 수 있다'는 식으로 보도할 일이 많기 때문이에요. 하지만 일상에서도 충분히 자주 쓰여요. 결국 for now는 '지금 이 순간'에 초점을 맞추되, 변화를 전제하는 말이에요. 이 영어식 뉘앙스를 기억해 두면, 상황을 훨씬 자연스럽게 묘사할 수 있어요.

● **Think in English**

The expression "for now" means something is true at this moment but could change later. People use it to talk about **situations that are temporary or not final**. It's a simple way to explain that things might be different in the future without a long explanation.

for now는 지금은 그렇지만 나중에는 달라질 수도 있다는 뜻이에요. **일시적이거나 아직 확정되지 않은 상황**을 말할 때 써요. 앞으로 상황이 달라질 수도 있다는 걸 길게 설명하지 않고도 간단히 말할 수 있는 표현이에요.

입까지
연결하기

● 짧은 문장 ☐

1   I'm just living with my parents for now.
2   I'm going to focus on my studies for now before I start looking for a job.

1   지금은 그냥 부모님이랑 함께 살고 있어요.
2   일자리 알아보기 전까지 당분간 학업에 집중하려고요.

● 짧은 대화 ☐

A   So when do you plan on having children?
B   We're not planning on having any children for now.

A   그럼 아이는 언제쯤 가질 생각이에요?
B   당분간은 아이 가질 계획이 없어요.

● 짧은 상황 ☐

I was thinking about moving to a new apartment, but the rent is too high. It's best if I stay in my current apartment for now. Hopefully, I can move after a couple of years.

새 아파트로 이사할지 고민했는데, 월세가 너무 비싸다. 당분간은 그냥 지금 집에 있는 게 나을 것 같다. 몇 년 뒤에는 이사할 수 있으면 좋겠다.

● 한번 해볼까요? ☐

A 지금은 서로 시간을 갖는 게 좋겠어.

_____

_____

B 나도 그렇게 생각해. 조용히 좀 쉬고 싶어.
   I totally agree. I need some peace and quiet.

Ans Maybe it's best if we each have our own space for now.

41

메이크업하는 중, 아는 동생이 "언니는 코가 진짜 예쁘다"라고 부러워하자, 파우더 퍼프를 들고 웃으며 한마디

LECTURES 41-45

내 코는 엄마 코를 닮았어.

이 말, 영어로 뭐라고 할까요?

● Teacher Joe's Tip

머릿속
언어 바꾸기

'닮다'를 영어로 어떻게 표현할까요? 많은 사람들이 먼저 구동사 take after를 떠올릴 거예요. 또는 similar 같은 형용사나 look alike도 생각나겠죠. 물론 모두 맞는 표현이에요. 하지만 기본 동사 have 하나로도 훨씬 간단하고 자연스럽게 말할 수 있는 방법이 있어요. 예를 들어, 엄마가 딸에게 할머니 보조개를 똑 닮았다고 말하고 싶다면 이렇게 하면 돼요. You have your grandma's dimples. (너 할머니 보조개 그대로 가졌네.) 여기서 핵심은 '닮았다'를 '**그 사람의 특징을 가지고 있다**'로 푸는 거예요. 이 방식은 보조개뿐 아니라 눈, 코, 입 같은 이목구비를 닮았다고 말할 때 특히 자주 쓰여요. You have your dad's eyes. (아빠 눈을 닮았네.) have를 단순히 '가지다'로만 기억하면 이런 표현은 떠올리기 어려워요. 네이티브가 have를 '특징을 가지고 있다'는 맥락에서 어떻게 쓰는지 이해해야 해요. 이런 사고 전환이 바로 영어식 사고로 가는 길이에요.

● Think in English

When we say someone "has someone's features," we mean **they have physical traits they got from a family member**. Features usually means parts of the face, like the nose, eyes, or chin. We use this to say that someone looks like their family member.

have someone's features라고 할 때는 가족에게서 물려받은 외모 특징이 있다는 뜻이에요. 여기서 features는 코, 눈, 턱 같은 얼굴 생김새를 말해요. 이 표현은 누군가가 가족을 닮았다고 말할 때 써요.

입까지

연결하기

● 짧은 문장 ☐

1   What a beautiful baby. He **has** his father's eyes.
2   Your daughter **has** our uncle's cheekbones.

1   아기가 너무 예뻐요. 아빠 눈을 똑 닮았어요.
2   너희 딸, 삼촌이랑 광대뼈 쪽이 닮았더라.

● 짧은 대화 ☐

A   You **have** your great-aunt's hair. It's so curly.
B   Thanks. It's really hard to take care of.

A   너 머리카락이 이모할머니랑 똑같네. 완전 곱슬곱슬하고 풍성해.
B   고마워. 근데 관리하기가 정말 힘들어.

● 짧은 상황 ☐

I met my aunts today for some coffee and cake. While we were talking, they told me I look like my grandmother and that I **have** her smile. Now I want to compare our pictures to see if it's true!

오늘 이모들을 만나 커피 마시고, 케이크도 먹었다. 이야기를 나누다가 이모들이 내가 할머니를 닮았다고, 특히 웃는 모습이 똑같다고 했다. 진짜 그런지 궁금해서 할머니 사진이랑 내 사진을 한번 비교해 보고 싶다!

● 한번 해볼까요?

A 난 항상 네 코가 예쁘다고 생각했어.
   I've always thought you had a nice nose.

B 고마워. 엄마 코 닮았어.

   Thanks. _____

Ans I have my mother's nose.

42

싸게 샀어.

주말 마트에서 산 새 전자레인지를 보고 동생이 "이거 최신형 아니야? 비싸겠다!"라고 놀라며 묻습니다. 뿌듯하게 웃으며 한마디

LECTURES 41-45

이 말, 영어로 뭐라고 할까요?

● **Teacher Joe's Tip** □

'나는 그걸 싸게 샀다'를 영어로 옮기면 아마 이렇게 쓸 거예요. I bought it cheaply. 문법적으로 틀리진 않아요. 하지만 이 문장은 원어민에게 딱 봐도 '교과서 영어'처럼 들려요. 의미는 통하지만, 실제 대화에서는 어딘가 부자연스럽죠. 그럼 원어민은 어떻게 말할까요? 우리가 '거래'라고 외운 deal을 꺼내 씁니다. 스마트폰을 적당한 가격에 잘 샀다면 이렇게 말하죠. I got a really good deal on my new smartphone! (새 스마트폰을 정말 싸게 잘 샀어요!) 여기서 포인트는 **'좋은 거래를 했다' → '싸게 샀다'**로 의미가 자연스럽게 이어진다는 거예요. 군이 cheaply 같은 부사로 꾸밀 필요 없이, 그냥 좋은 거래를 했다고 말하면 끝나는 거죠. 보통은 I got a good deal.만으로 충분해요. 더 구체적으로 말하고 싶다면 뒤에 'on + 물건'을 붙이면 돼요. 핵심은 이거예요. 문법적으로 맞는 표현보다, 실제 원어민이 입에 붙여 쓰는 표현이 훨씬 힘이 세다!

머릿속 언어 바꾸기

● **Think in English** □

The phrase "get a good deal" usually means you bought something for less than the regular price. People often use this when shopping, booking hotels, or buying big things like a house. It means you **made a smart choice and saved money**.

get a good deal은 보통 정가보다 저렴하게 물건을 샀다는 뜻이에요. 쇼핑하거나 호텔을 예약할 때, 또는 집처럼 큰돈이 드는 걸 살 때 자주 쓰는 표현이에요. **현명한 선택으로 돈을 아꼈다**는 의미죠.

입까지
연결하기

● 짧은 문장 ☐

1   She thinks she **got a good deal** because the item was on sale.
2   You can **get a good deal** on hotels right now if you use this app.

1   그녀는 세일 중이어서 물건을 싸게 샀다고 생각한다.
2   지금 이 앱을 쓰면 호텔을 저렴하게 예약할 수 있어.

● 짧은 대화 ☐

A   You have a really nice car! How much did you pay for it?
B   I actually **got a good deal** on it. I paid only $15,000.

A   차 너무 멋지다! 얼마 줬어?
B   진짜 싸게 샀어. 15,000달러밖에 안 줬어.

● 짧은 상황 ☐

My 3D printer needed repair, so I tried to order a new part for it. I thought I **got a good deal** because the part was $3 cheaper than what I would have paid at the store. But when I put it into my 3D printer, it didn't fit.

3D 프린터가 고장 나서 새 부품을 시켜 봤다. 매장에서 사는 것보다 3달러 저렴해서 싸게 샀다고 생각했다. 그런데 막상 프린터에 넣어보니 안 맞았다.

- 한번 해볼까요?

A   우리 비행기표 값을 어떻게 다 낸 거야?
    How were you able to pay for all of our plane tickets?

B   아, 싸게 샀어.

Ans I got a good deal.

43 셔츠에 소스 묻었어.

점심시간에 같이 파스타 먹던 중, 친구가 흰 셔츠를 입고 있었는데 소스를 흘렸습니다. 휴지를 건네며 한마디

LECTURES 41-45

이 말, 영어로 뭐라고 할까요?

● **Teacher Joe's Tip** ☐

머릿속
언어 바꾸기

기본 동사 have는 정말 활용 범위가 넓어요. 예를 들어, 밥을 먹다가 셔츠에 소스를 흘린 상황을 생각해 볼게요. 이때 '묻다'에 해당하는 단어를 억지로 떠올리기보다는, **'소스를 셔츠에 가지고 있다'**고 표현하는 게 훨씬 영어식이에요. You have sauce on your shirt. (셔츠에 소스 묻었어요.) 여기서 포인트는 〈have + something + on〉 구조예요. 특히 on은 표면에 뭔가 붙었을 때 자주 쓰이니까 통째로 익혀두는 게 좋아요. 예를 들어, 어깨에 벌레가 붙었다면 이렇게 말해요. You have a bug on your shoulder. (어깨에 벌레 붙었어요.) 이때 중요한 건, have a bug와 on your shoulder를 억지로 문법적으로 풀어내기보다 그냥 덩어리째 영어로 받아들이는 거예요. 이렇게 조합을 자연스럽게 익히는 게 영어식 사고를 단단하게 만드는 핵심이에요.

● **Think in English** ☐

The phrase "have something on" means that **there is something on your body, clothes, or belongings**. We say this when we notice a spot, stain, or dirt on someone's clothes or body. It's a friendly and polite way to let someone know they are dirty without embarrassing them.

have something on은 몸이나 옷, 소지품에 뭔가 묻어 있거나 붙어 있다는 뜻이에요. 보통 옷이나 몸에 얼룩, 자국, 먼지 같은 게 있을 때 써요. 상대방이 민망하지 않도록 친절하고 정중하게 알려줄 수 있는 표현이에요.

입까지

연결하기

● 짧은 문장 □

1   I think you **have gum on** the bottom of your shoe.
2   You **have a lot of cat fur on** your pants.

1   너 신발 밑창에 껌 붙은 것 같아.
2   바지에 고양이 털이 잔뜩 묻었어.

● 짧은 대화 □

A   How do I look?
B   You look great, but you **have some lipstick on** your teeth.

A   나 어때?
B   진짜 멋있어. 근데 이에 립스틱이 살짝 묻었어.

● 짧은 상황 □

I had a really embarrassing moment today. I went on a date with my boyfriend to eat burgers and fries. As soon as I got home, my roommate told me I **had ketchup on** my shirt!

오늘 정말 민망한 일이 있었다. 남자 친구랑 햄버거랑 감자튀김을 먹으러 갔다. 데이트 후 집에 돌아오자마자 룸메이트가 셔츠에 케첩이 묻어 있었다고 알려줬다!

- 한번 해볼까요?

A 셔츠에 소스 묻었어.

B 어, 이런! 오늘 오후에 중요한 미팅 있는데.
Oh, no! I have an important meeting later today.

Ans You have sauce on your shirt.

커플로 보이는 두 사람이 나란히 앉아 다정하게 사진을 보고 있습니다.
호기심에 웃으며 한마디.

LECTURES 41-45

둘이 만난 지 얼마나 됐어요?

이 말, 영어로 뭐라고 할까요?

● **Teacher Joe's Tip** ☐

머릿속 언어 바꾸기

영어를 배우면 배울수록 느끼는 게 있어요. 단어를 많이 아는 것보다, 이미 아는 단어를 자연스럽게 조합하는 능력이 훨씬 더 중요하다는 거예요. 대표적인 예가 be together예요. 보통 '같이 있다'로 알고 있지만, 실제로는 **'사귀다, 만나다, 연애하다'**라는 뜻으로도 정말 자주 쓰여요. 예를 들어, 고등학교 때부터 쭉 사귄 커플이 있다면 이렇게 말해요. They've been together since high school.(그들은 고등학교 때부터 사귀고 있어요.) 별다른 어려운 단어 없이 be together만으로 정확한 의미가 전달돼요. 맥락에 따라 연인일 수도 있고, 결혼한 부부일 수도 있어요.

● **Think in English** ☐

The phrase "be together" means **two people are in a romantic relationship**. It can describe anything from dating to marriage. It's a simple, casual way to talk about a couple without being too specific or formal.

be together는 두 사람이 연인 관계라는 뜻이에요. 데이트하는 사이부터 결혼한 부부까지 모두 표현할 수 있어요. 너무 구체적이거나 격식을 차리지 않고 연인 관계임을 자연스럽게 말할 수 있는 간단하고 편한 표현이에요.

입까지
연결하기

● 짧은 문장 ☐

1   I don't think they're together anymore.
2   My parents have been together for 50 years.

1   이제 둘이 안 만나는 것 같아.
2   우리 부모님은 함께한 지 50년이 되셨어요.

● 짧은 대화 ☐

A   Have you and Meg been together since college?
B   Yes, we met there and now we're finally getting married this fall.

A   너랑 Meg는 대학 때부터 쭉 만난 거야?
B   응, 대학교에서 만나서 이번 가을에 드디어 결혼하게 됐어.

● 짧은 상황 ☐

It's hard to believe how long my long-distance boyfriend and I have been together. This weekend marks our third anniversary. He's arriving at the airport tonight, and I can't wait to see him.

장거리 연애 중인 남자 친구랑 내가 얼마나 오래 함께했는지 믿기 힘들다. 이번 주말이 우리가 사귄 지 3주년이다. 그가 오늘 밤 공항에 도착하는데, 빨리 보고 싶다.

● 한번 해볼까요? ☐

A   둘이 만난 지 얼마나 됐어요?

_____

B   사귄 지 이제 6개월 됐어요.
     We've been together for six months now.

Ans How long have you been together?

45

너 사진 잘 찍더라.

주말에 친구가 찍어준 사진을 보니, SNS 프로필로 쓰고 싶을 만큼 멋집니다. 감탄하며 한마디

LECTURES 41-45

이 말, 영어로 뭐라고 할까요?

● **Teacher Joe's Tip** ☐

머릿속
언어 바꾸기

친구와 둘이 여행을 갔는데, 친구가 예상보다 사진을
너무 잘 찍어서 놀랐다면 이렇게 말할 수 있어요.
You're quite the photographer!(사진 정말 잘 찍는다!) 여기서
주목할 표현은 〈quite the + 사람〉이에요. quite는 '꽤, 제법'
이란 뜻으로 문장을 자연스럽게 만드는 역할을 하고, 여기에
'the + 사람'을 붙이면 '꽤 대단하다, 제법 인상적이다, 생각보다
훨씬 잘한다'는 의미로 확장돼요. 예를 들어, 형이 요리를
정말 잘한다면 이렇게 말할 수 있어요. My brother is quite
the chef.(형 요리 진짜 잘해.) 또, 친구 둘이 호흡이 척척
맞을 때는 이렇게 표현해요. You and your friend are quite
the team.(너희 둘 완전 팀워크 좋다.) 여기서 photographer나
chef가 직업을 뜻하는 건 아니에요.
그냥 사진을 잘 찍고, 요리를 잘한다는 의미예요.
마치 노래 잘하는 사람을 a good singer, 운전 잘하는
사람을 a good driver라고 하는 것과 같은 맥락이에요.

● **Think in English** ☐

"Quite the" is a casual way to emphasize someone's talent
or skill. It's usually a compliment, but it can also be used
playfully to tease someone. It's a friendly way to say
someone is really good at something.

quite the는 누군가의 재능이나 능력을 강조할 때 쓰는 캐주얼한 표현이에요.
보통 칭찬할 때 쓰지만, 가볍게 놀리듯이 말할 때도 써요. 어떤 일을 정말 잘한다고 친근하게
표현하는 말이에요.

입까지

연결하기

● 짧은 문장 ☐

1   My father is **quite the handyman**.
2   My best friend is **quite the conversationalist**.

1   아빠는 손재주가 진짜 좋으세요.
2   내 절친은 누구랑도 대화를 잘 풀어나가.

● 짧은 대화 ☐

A   Your daughter has won nearly every race today.
B   Yes, she's **quite the athlete**.

A   너희 딸이 오늘 경기 거의 다 이겼네.
B   응, 운동 신경이 좋아.

● 짧은 상황 ☐

> Every Friday night I attend guitar lessons with a private tutor. It was difficult at first to learn all of the chords, but I think I have become **quite the musician**. My tutor wants me to perform in front of others.

매주 금요일 밤에 개인 선생님께 기타 레슨을 받는다. 처음엔 모든 코드를 익히는 게 어려웠는데, 이제는 제법 기타를 잘 치게 된 것 같다. 선생님이 사람들 앞에서 연주해 보라고 하신다.

● 한번 해볼까요?

A 너 사진 잘 찍더라.
　 _____

B 고마워. 사진 찍는 걸 정말 좋아해.
　 Thank you. It's one of my passions.

Ans You're quite the photographer.

주말에 늦잠 자고 싶은데 친구가 "알람 없이도 잘 일어나는 편이지?"
라고 묻습니다. 고개를 저으며 한마디.

휴대폰 알람 없으면 못 일어나.

이 말, 영어로 뭐라고 할까요?

● Teacher Joe's Tip

머릿속
언어 바꾸기

학교 다닐 때 〈rely on = 의존하다〉를 수도 없이 외웠을 거예요. 그런데 막상 말하려고 하면 왜 입이 안 떨어질까요? 이유는 간단해요. rely on을 영어식으로 느껴본 적이 없기 때문이에요. 〈rely on + something〉은 이렇게 세 가지로 이해하면 돼요. 첫째, 그것이 나에게 도움이 된다고 믿는 거예요. 둘째, 그게 내게 정말 중요하고 꼭 필요한 거예요. 셋째, 그게 없으면 내가 원하는 걸 제대로 해낼 수 없다는 느낌이에요. 예를 들어, 구글 캘린더가 없으면 약속을 다 잊어버린다면 이렇게 말하죠. I rely on Google Calendar to remind me of my appointments.(약속을 기억하려면 구글 캘린더에 의존해요.) 구글 캘린더는 나에게 도움을 주고, 중요하고, 없으면 곤란하니까 rely on이 딱 맞는 표현이에요. 결국 rely on은 단순히 '의존하다'가 아니라, **'없으면 못 한다'는 뉘앙스**를 담고 있어요. 이 그림만 떠올리면 언제 써야 할지 자연스럽게 감이 와요.

● Think in English

When we say we "rely on" something, it means we trust it to work or help us. We use this phrase when something is important and necessary for us. If we rely on something, then **we can't do something without it**.

무언가에 rely on한다고 말할 때는 그것이 효과적이거나 도움이 된다고 믿는다는 뜻이에요. 우리에게 중요하고 꼭 필요한 것을 말하는 상황에서 이 표현을 써요. 어떤 대상에 rely on한다는 건, <u>그 대상 없이 무언가를 할 수 없다</u>는 의미예요.

입까지
연결하기

● 짧은 문장 ☐

1   Many people **rely on** the subway to get to work on time.
2   This town **relies on** tourism to support its economy.

1   많은 사람들이 제시간에 출근하려고 지하철을 탄다.
2   이 도시는 관광이 활발해야 경제가 돌아가요.

● 짧은 대화 ☐

A   How do you get all of your work done every day?
B   I **rely on** my to-do list.

A   어떻게 매일 할 일을 다 끝내는 거야?
B   할 일 목록이 꼭 있어야 해.

● 짧은 상황 ☐

My doctor told me I need to get more exercise, so I decided to walk 10,000 steps a day. I **rely on** my smartwatch to keep track of my steps and help me reach my goal. It is also useful because it measures my heart rate.

의사 선생님이 운동을 더 해야 한다고 해서, 하루에 만 보를 걷기로 했다. 걸음 수를 기록하고 목표를 달성하기 위해 스마트워치를 활용하고 있다. 심박수도 측정해 줘서 아주 유용하다.

● 한번 해볼까요?

A 휴대폰 알람 없으면 못 일어나.

B 나도 그래. 폰이 꺼지기라도 하면 진짜 큰일 나.
   Me, too. If my phone ever died, I'd be in big trouble.

Ans I rely on my phone's alarm to wake me up.

47

카페 몇 시까지 영업해요?

밤늦게 들른 동네 카페에서, 불이 꺼질까 봐 걱정하며 살짝 눈치 보다가 한마디

LECTURES 46-50

이 말, 영어로 뭐라고 할까요?

● **Teacher Joe's Tip**

머릿속
언어 바꾸기

영어권 국가로 여행을 가보면 금세 깨닫게 돼요. 교과서 영어가 실전에서 잘 안 통한다는 사실을요. 예를 들어, 카페가 몇 시까지 문을 여는지 묻고 싶을 때 교과서는 이렇게 알려주죠. When does this cafe close tonight? 문법상 문제는 없지만, 실제로는 다소 딱딱하고 어색하게 들려요. 반면 실전에서는 이렇게 말해요.
Excuse me, when do you close? (실례지만 몇 시에 문 닫으세요?)
여기서 핵심은 you예요. 이 you는 점원 개인이 아니라, 그 사람이 대표하는 가게를 가리키는 표현이에요.
실제로 일상 대화에서는 you를 **가게나 회사처럼 장소 전체를 대신**하는 의미로 자주 써요. 예를 들어,
식당에 비건 메뉴가 있는지 묻고 싶을 땐 이렇게 말하죠.
Do you have any vegan options? (비건 메뉴 있나요?) 이처럼 you는 상대방이 속한 가게나 조직을 대신하는 표현으로 실생활에서 자연스럽게 활용된다는 점을
기억해 두면 좋아요.

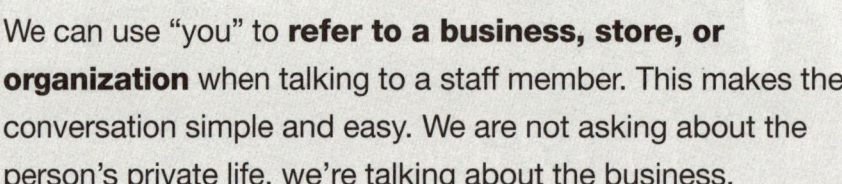

● **Think in English**

We can use "you" to **refer to a business, store, or organization** when talking to a staff member. This makes the conversation simple and easy. We are not asking about the person's private life, we're talking about the business.

직원에게 말할 때 you를 써서 그 사람이 속한 가게나 회사, 기관을 가리킬 수 있어요. 이렇게 하면 대화가 훨씬 간단하고 편해져요. 직원 개인에 관해 묻는 게 아니라, 가게나 회사에 관해 말하는 거예요.

입까지
연결하기

● 짧은 문장 ☐

1   Will **you** be open on Christmas?
2   What kind of services do **you** offer to members?

1   크리스마스에도 여나요?
2   회원 대상 서비스는 어떤 게 있나요?

● 짧은 대화 ☐

A   If you fly with us, you'll be able to save money.
B   That sounds good, but do **you** also serve free meals on your flights?

A   저희 항공사를 이용하시면 비용을 아끼실 수 있어요.
B   좋은데요, 기내식도 무료로 제공되나요?

● 짧은 상황 ☐

Final exams are coming up, so I stopped by the library today. I asked the staff, "Will **you** stay open late so students can study?" They said yes, so I think I'll start going there tomorrow.

기말고사가 코앞이라 오늘 도서관에 잠깐 들렀다. 직원에게 "학생들이 공부할 수 있게 늦게까지 여나요?"라고 물어봤다. 그렇다고 해서, 내일부터 도서관에서 공부하려고 한다.

● 한번 해볼까요?

A   몇 시까지 영업해요?

_____

B   오늘은 오후 5시까지 해요.
      We close at 5 p.m. today.

Ans What time do you close?

48

점심시간, 동료가 "상사 눈치 보는 거 이제 지긋지긋하다"라고 불평합니다.
웃으며 장난스럽게 한마디.

LECTURES 46-50

창업해 봐!

이 말, 영어로 뭐라고 할까요?

● **Teacher Joe's Tip** 머릿속 언어 바꾸기

영어에서는 자신이 직접 사업을 운영하는 사람을 '자기 자신의 보스', 즉 be one's own boss라고 표현해요. 규모와 상관없이, 누군가 밑에서 일하지 않고 스스로를 위해 일하는 사람이라면 모두 여기에 해당돼요. 같은 의미로 work for oneself라고도 말할 수 있어요. 창업을 장려하는 포스터에서 흔히 이런 문구를 볼 수 있어요. Be your own boss. (자기 사업을 시작하세요.) 딱 봐도 창업을 독려하는 문구죠. 조금 더 긴 문장도 볼까요? 사업은 멋져 보이지만, 모든 걸 혼자 책임져야 한다는 걸 깨닫는 순간 생각이 달라질 수도 있어요. Being your own boss sounds good until you realize you're in charge of everything. (모든 걸 혼자 책임져야 한다는 걸 깨닫기 전까진 자기 사업이 멋져 보이죠.) 이처럼 be one's own boss는 창업 이야기뿐 아니라 **스스로를 위해 일하는 것 전반**에 두루 쓰이는 표현이에요.

● **Think in English**

The phrase "one's own boss" means you work for yourself. It usually describes people who **start their own business and decide their own work hours**. This is a positive phrase often used to encourage people to be more independent.

one's own boss라는 표현은 자신을 위해 일한다는 뜻이에요. 보통 **자기 사업을 시작하고 근무시간을 스스로 정하는** 사람을 가리켜요. 사람들에게 더 독립적으로 생각하고 행동하라고 격려할 때 자주 쓰이는 긍정적인 표현이에요.

입까지
연결하기

● 짧은 문장 ☐

1   My dream is to **be my own boss** and open a bakery.
2   She left her job to **be her own boss** and run an online store.

1   제 꿈은 제가 사장이 되어 빵집을 여는 거예요.
2   그녀는 창업해서 온라인 스토어를 운영하려고 회사를 그만뒀어요.

● 짧은 대화 ☐

A   I'm tired of working twelve hours a day.
B   Why don't you **become your own boss**? You have the skills to start your own business.

A   하루에 12시간씩 일하는 거, 정말 지쳤어.
B   네 사업 한번 해보는 건 어때? 네 실력이면 충분히 가능하지.

● 짧은 상황 ☐

It feels like things have become more expensive these days. To pay for everything, I am thinking about **becoming my own boss**. I believe I could earn more money than I do now.

요즘 물가가 더 오른 것 같다. 생활비를 감당하려고 내 사업을 시작하는 것도 고민 중이다. 지금보다는 돈을 더 많이 벌 수 있을 것 같다는 생각이 든다.

● 한번 해볼까요?

A 회사를 차릴지 다른 직장을 구할지 고민이야.
I'm not sure if I should start my own company or find another job.

B 창업해 봐. 절대 후회하지 않을 거야.
_____ You won't regret it.

Ans Be your own boss!

49
당시에 운이 좋았어.

친구가 "그때 그 투자로 돈 번 거 대단하다"며 감탄합니다.
손사래 치며 웃으며 한마디

이 말, 영어로 뭐라고 할까요?

● **Teacher Joe's Tip** ☐   머릿속
언어 바꾸기

'운이 좋았다'는 말을 자랑처럼 들리지 않게 하고 싶다면 이렇게 표현하면 돼요. **'딱 그 시기에, 딱 그 자리에 있었다'**, 즉 in the right place at the right time이죠. 예를 들어, 내가 제일 좋아하는 카페에서 TV 프로그램 촬영을 하고 있었는데 운 좋게 엑스트라로 출연하게 됐다면 이렇게 말해요. They were filming a TV show at my favorite coffee shop, and I got to be an extra in the scene. I was just in the right place at the right time. (내가 좋아하는 카페에서 TV 촬영을 하고 있었는데 엑스트라로 출연했어요. 운 좋게 딱 그 자리에 있었던 거죠.)

반대로, '운이 나빴다'는 말은 in the wrong place at the wrong time.이라고 표현해요. He got hurt because he was in the wrong place at the wrong time. (운 나쁘게 거기 있다가 다쳤어요.) 어려운 단어 하나 없이도 운이 좋고 나빴던 상황을 자연스럽게 표현할 수 있는, 아주 영어다운 말이에요.

● **Think in English** ☐

We use the phrase "in the right place at the right time" to say **we were lucky to be where something good happened**. It means the good thing happened because of chance, not because of skill or planning. This phrase is polite and helps us talk about good things without sounding like we are bragging.

어떤 좋은 일이 일어난 때와 장소에 운 좋게 있었던 상황에 대해 in the right place at the right time이라는 표현을 쓸 수 있어요. 실력이나 계획 덕분이 아니라, 우연히 일어난 일이라는 의미예요. 좋은 일에 대해 말할 때 자랑하는 것처럼 들리지 않고, 공손한 인상을 줄 수 있어요.

입까지

연결하기

● 짧은 문장 ☐

1   I saw my favorite K-pop singer because I was **in the right place at the right time**.
2   The photographer was able to get a picture of a rare animal because he was **in the right place at the right time**.

1   운 좋게 그 자리에 있어서 내가 제일 좋아하는 케이팝 가수를 봤어.
2   사진작가는 운 좋게 희귀 동물을 찍을 수 있었다.

● 짧은 대화 ☐

A   The donut shop downtown was giving away free donuts for thirty minutes! I got some!
B   Wow, you were really **in the right place at the right time**.

A   시내 도넛 가게에서 30분 동안 도넛을 공짜로 나눠줬어! 나도 받았어!
B   와, 운 좋게 타이밍이 딱 맞았네.

● 짧은 상황 ☐

I was **in the right place at the right time** today. After work, I stopped by my favorite café and found out they were having a special event. The 500th customer got free coffee, and I was that customer!

오늘 정말 운이 좋았다. 퇴근하고 좋아하는 카페에 들렀는데, 마침 특별 이벤트를 하고 있었다. 500번째 손님에게 커피를 무료로 주는 이벤트였는데, 그게 바로 나였다!

● 한번 해볼까요?

A 예전에 네가 살던 동네에서 마이클 조던을 만났다고? 말도 안 돼.
   I can't believe you got to meet Michael Jordan in your old neighborhood.

B 당시에 운이 좋았어.

Ans Back then, I was in the right place at the right time.

회의실에서 아이디어만 오가고 결론이 안 나는 상황.
당신이 화이트보드 앞으로 나서며 한마디

LECTURES 46-50

자, 이렇게 해보자.

이 말, 영어로 뭐라고 할까요?

● **Teacher Joe's Tip**   □

머릿속
언어 바꾸기

어떤 영어 문장은 뜻만 알아서는 바로 쓰기 어려워요.
상황과 함께 기억해야 자연스럽게 나오기 때문이에요.
This is what we're going to do.가 딱 그런 표현이에요.
뜻은 간단히 '자, 이렇게 해보자.'이지만, 보통
위기 상황에서 침착하게 해결책을 제시할 때 쓰여요.
예를 들어, 아침에 친구 강아지가 집을 나간
상황이라면 이렇게 말할 수 있어요. I heard your dog
ran away this morning. This is what we're going to
do.(오늘 아침 네 강아지가 집을 나갔다고 들었어. 자, 이렇게 해보자.)
그리고 바로 이어서 구체적인 계획을 덧붙이면 돼요.
핵심은 〈This is what S +V〉 패턴이에요. This is what
I think.(이게 내 생각이야.)나 This is what you need to
do.(이게 네가 해야 할 일이야.)처럼 주어와 동사만 바꿔도
다양한 상황에 적용 가능해요. 뜻만 외우지 말고,
실제 위기나 해결 상황에 연결해 기억하면
훨씬 자연스럽게 입에서 나올 거예요.

● **Think in English**   □

The phrase "This is what S + V…" is used to highlight
a specific action or fact. It is often used **to explain what
someone did or should do**, and it is especially helpful
in tense situations. Saying "This is what we're going to do."
can calm people down and clearly explain what to do next,
making it easier to focus on a solution.

'This is what S + V…'라는 구문은 특정한 행동이나 사실을 강조할 때 사용돼요. 이 표현은
누군가가 한 일이나 해야 할 일을 설명할 때 자주 쓰이고, 특히 긴장된 상황에서 유용해요.
예를 들어 This is what we're going to do.라고 말하면 사람들을 진정시키고, 다음에
무엇을 해야 하는지 명확하게 알려줘서 해결책에 집중하기가 쉬워져요.

입까지
연결하기

● 짧은 문장 □

1   Everyone needs to calm down and listen up. **This is what we're going to do.**
2   So, there's something wrong with the car's engine, and we don't have cell service. **This is what we're going to do.**

1   모두 진정하고 잘 들어요. 우리가 어떻게 해야 할지 알려드릴게요.
2   차 엔진에는 문제가 있고, 휴대폰도 안 터지네. 자, 이렇게 하자.

● 짧은 대화 □

A   My doctor says I have turtle neck syndrome. It's been giving me headaches.
B   I had the same problem. **This is what my doctor told me to do.**

A   의사 선생님이 거북목 증후군이라고 하시더라고. 그래서 계속 두통이 있던 거야.
B   나도 그랬어. 의사 선생님이 이렇게 한번 해 보래.

● 짧은 상황 □

I decided to clean my desk at home today because it looked disorganized. **This is what I used**: folders for documents, paper clips to keep papers together, and labels for the drawers. I think it will be much easier to find things now.

오늘 집에서 책상이 너무 지저분해 보여서 정리하기로 했다. 문서를 넣을 폴더, 종이를 묶을 클립, 서랍에 붙일 라벨 같은 것들을 활용했다. 이제는 물건을 훨씬 더 쉽게 찾을 수 있을 것 같다.

● 한번 해볼까요?

A 나쁜 소식이야. 이 동굴로 내려올 때 썼던 로프가 방금 끊어졌어. 다시 올라가긴 틀렸어.
I've got bad news. The rope we used to get down into this cave just snapped. We can't climb back out.

B 자, 이렇게 해보자. 다른 출구를 찾을 때까지 동굴을 탐험하는 거야.

OK. _____
We'll explore the cave until we find another way out.

Ans This is what we're going to do.

51
내 책 9월에 나와.

이 말, 영어로 뭐라고 할까요?

● Teacher Joe's Tip □

머릿속
언어 바꾸기

한국어에서는 책은 출간하고, 영화는 개봉하고, 앨범은 발매하고, 제품은 출시한다고 각각 다른 동사를 써요. 하지만 영어는 훨씬 단순해요. 이 모든 상황을 come out 하나로 표현할 수 있어요. 예를 들어, 소니에서 새 VR 헤드셋을 12월에 출시한다면 이렇게 말합니다. Sony's new VR headset is coming out in December. (소니의 새 VR 헤드셋이 12월에 나와요.) 왜 come out이 자연스러울까요? 이 표현에는 '밖으로 나오다'라는 기본 이미지가 있어서, **세상에 처음 모습을 드러내는 상황**과 잘 맞아요. 그래서 책, 영화, 앨범, 제품처럼 사람들이 기다리던 것이 처음 시장에 등장할 때 자연스럽게 쓰이죠. release는 공식 발표, launch는 게임 출시, publish는 주로 출판에 더 치우쳐 있어요. 반면 come out은 더 폭넓고 일상적으로 쓰이기 때문에 실제 대화에서 가장 빈도 높게 들을 수 있는 표현이죠.

● Think in English □

"Comes out" means that something is published or released for the public, often referring to books, movies, or albums. People use it to talk about **things that are newly available or will soon be available**. It's a natural and common way to talk about release dates.

come out은 책, 영화, 앨범 등이 대중에게 공개되거나 출시된다는 뜻이에요. **새로 나왔거나 곧 나올 예정인 것들**을 이야기할 때 자주 써요. 출시일이나 발매일을 자연스럽게 말할 수 있는 일상적인 표현이에요.

입까지
연결하기

● 짧은 문장

1 The final season of *Squid Game* **comes out** this weekend.
2 My favorite band's new album is **coming out** tomorrow!

1 〈오징어 게임〉 마지막 시즌이 이번 주말에 공개돼요.
2 내가 제일 좋아하는 밴드의 새 앨범이 내일 나와요!

● 짧은 대화

A Do you know when the new video game comes out?
B I think it'll **come out** next month. We should pre-order it.

A 새 비디오 게임 언제 나오는지 알아?
B 다음 달에 나올 것 같아. 우리 선주문하자.

● 짧은 상황

My college test results **come out** next week, and I feel so nervous. I know I did well because I studied for over a year. I just hope my scores are high enough to get into my dream school.

다음 주에 대학 시험 결과가 나와서 너무 긴장된다. 1년 넘게 열심히 공부했으니 잘 봤다는 건 안다. 꿈꾸던 학교에 붙을 만큼 점수가 높았으면 좋겠다.

● 한번 해볼까요?

A 내 책이 9월에 나와.

B 축하해! 정말 기대되겠다.
Congratulations! You must be so excited.

Ans My book comes out in September.

회의 중, 새로운 아이디어를 냈더니 동료가 고개를 갸웃합니다.
그때 PPT 넘기며 한마디

그 이유를 설명해 드릴게요.

이 말, 영어로 뭐라고 할까요?

- **Teacher Joe's Tip**

머릿속
언어 바꾸기

show를 단순히 '보여주다'로만 외우기엔 정말 아까운 단어예요. teach, explain, demonstrate 같은 뜻으로도 다양하게 쓰이는 단어거든요. 핵심은 하나예요. **무언가를 분명하고 명확하게 눈에 보이게 해주는 것.** 예를 들어, 맥도날드에서 파트타임 교육을 받는 상황을 생각해볼게요. 매니저가 이렇게 말할 수 있어요. This safety video will show you how to work at McDonald's. (이 안전 교육 영상이 맥도날드에서 일하는 방법을 알려줄 거예요.) 여기서 show는 '설명하다'와 '가르치다'의 중간쯤 되는 느낌이에요.

또 다른 상황. 도서관 공용 컴퓨터에 로그인하는 방법을 몰라 직원에게 도움을 요청할 때 이렇게 말해요. Can you show me how to log in to my account? (제 계정에 로그인하는 방법을 보여주실 수 있나요?) 이 말에는 '직접 보면서 차근차근 알려달라'는 뉘앙스가 들어 있어요. 이처럼 눈으로 확인하면서 배우고 이해할 수 있도록 '분명하게 알려주는 것'이 show의 진짜 영어식 감각이에요.

- **Think in English**

"Show" means to **explain or demonstrate something clearly**. We often show people by giving examples or proof. We use this word when we want to make something clear or sound more friendly and helpful.

show는 어떤 것을 분명하게 설명하거나 보여주는 것을 뜻해요. 사람들에게 예시나 근거를 통해 보여주는 경우가 많아요. 내용을 쉽게, 또는 친절하고 도움이 되는 방식으로 전달하고 싶을 때 쓰는 표현이에요.

입까지
연결하기

● 짧은 문장 □

1　I'll **show** you how you can make your own keychain.
2　Let me **show** you why this medicine is more effective than the other.

1　키링 만드는 법을 알려줄게요.
2　왜 이 약이 다른 약보다 더 효과적인지 설명해 드릴게요.

● 짧은 대화 □

A　This messenger app is confusing. I can't add my friends.
B　I can **show** you how to use it.

A　이 메신저 앱 너무 헷갈려. 친구 추가를 못 하겠어.
B　내가 사용법을 알려줄게.

● 짧은 상황 □

> I rode my bike to work today to save money on public transportation, but along the way, I got a flat tire. When I got home, my brother **showed** me how to fix it. I didn't realize it was so easy!

오늘 대중 교통비를 아끼려고 자전거를 타고 출근했는데, 가는 길에 타이어가 펑크 났다. 집에 오니까 형이 고치는 방법을 알려줬다. 이렇게 간단한 건 줄 몰랐다!

● 한번 해볼까요?

A 이 계획으로 어떻게 돈을 아낀다는 건지 잘 모르겠어요.
I just don't see how this plan will save me money.

B 정말 아껴져요! 그 이유를 설명해 드릴게요.
It will! _____

Ans Let me show you why.

아이를 갖는 사람의 수가 줄고 있어.

이 말, 영어로 뭐라고 할까요?

● Teacher's Tip □

머릿속 언어 바꾸기

fewer로 문장을 시작해본 적이 있나요? 한국어 화자에게는 다소 낯선 주어 선택일 수 있어요. fewer는 '적은 수'를 뜻하는 few의 비교급으로, 과거보다 수가 줄었을 때 쓰는 표현이에요. 예를 들어, 집값이 치솟으면서 내 집을 마련할 수 있는 사람이 줄어든 상황이라면 이렇게 말할 수 있어요. Fewer people are able to own their own home. (집을 살 수 있는 사람이 줄어들고 있어요.) 또 요즘처럼 일자리가 줄어드는 분위기라면 이렇게 표현하죠. Fewer jobs are available these days. (요즘은 일자리가 더 적어요.) 이렇게 fewer는 **감소 추세를 간결하게 표현**할 때 딱 맞는 단어예요. 처음엔 fewer로 문장을 시작하는 게 어색할 수 있지만, 익숙해지면 이보다 직관적이고 정확한 표현도 드물다는 걸 느끼게 될 거예요. 참고로, fewer는 셀 수 있는 명사(people, shops, cars)와 함께 쓰고, less는 셀 수 없는 명사(money, water, time)와 함께 쓴다는 점도 꼭 기억해 두세요.

● Think in English □

"Fewer people" means a smaller number of people compared to another group or time. We use it to talk about a drop in the number of people doing something. It is a short and natural way to say that **the number of people has gone down**.

fewer people은 다른 집단이나 시기와 비교했을 때 사람 수가 더 적다는 뜻이에요. 어떤 일을 하는 사람이 줄어들었을 때 써요. **사람 수가 줄고 있다**는 걸 간결하고 자연스럽게 말할 수 있는 표현이에요.

입까지
연결하기

● 짧은 문장 ☐

1   **Fewer people** voted in this election than five years ago.
2   **Fewer people** use landlines these days compared to the past.

1   이번 선거에서는 5년 전보다 투표한 사람이 줄었어요.
2   요즘은 유선 전화 쓰는 사람이 드물어요.

● 짧은 대화 ☐

A   **Fewer people** will be at the gym today because of the holiday. Do you want to go?
B   No, thanks. I'd rather stay home and rest.

A   오늘은 공휴일이라 헬스장에 사람 별로 없을 거야. 같이 갈래?
B   아니, 괜찮아. 집에서 쉬고 싶어.

● 짧은 상황 ☐

I went to the outdoor swimming pool today to get some exercise and relax. **Fewer people** were there than usual. It's gotten hotter these days, so that was probably why.

오늘 운동도 하고 쉴 겸 야외 수영장에 다녀왔다. 평소보다 사람이 적었다. 요즘 날이 더워져서 그랬던 것 같다.

● 한번 해볼까요? ☐

A 아이를 갖는 사람의 수가 줄고 있어요.

   _____

B 세계 여러 나라에서 문제가 되는 것 같아요.
   It seems to be a problem in countries all over the world.

Ans Fewer people are having children.

회의실에서 상사가 커피 타주며 말합니다.
"아침엔 커피 없으면 버티기 힘들죠?"

LECTURES 51-55

30대가 될 때까지는 커피를 좋아하지 않았어요.

이 말, 영어로 뭐라고 할까요?

- **Teacher Joe's Tip** ☐

머릿속
언어 바꾸기

until을 단순히 '~까지'로 외우면 문장이 헷갈릴 수 있어요. 예를 들어, I didn't like coffee until I was in my 30s. 이 문장은 '30대에도 안 마셨다'는 뜻일까요, 아니면 '30대부터 마시기 시작했다'는 뜻일까요? 정답은 두 번째예요. 여기서 필요한 게 바로 영어식 사고예요. 〈until = before〉로 바꿔 생각해 보세요. I didn't like coffee before I was in my 30s.(30대가 되기 전까지는 커피를 안 좋아했어요.) 이렇게 바꾸면 의미가 명확해지죠. 즉, 30대부터 커피를 좋아하게 됐다는 뜻이에요. 그렇다면 왜 굳이 before 대신 until을 쓸까요? 영어에서는 〈not ... until ...〉 패턴을 정말 자주 쓰기 때문이에요. 이 구조는 **'until 뒤의 시점이 되어서야 비로소 ~했다'**는 느낌을 줍니다. 예를 들어, 저는 22살이 되어서야 처음으로 영어로 말을 해봤어요. I didn't speak a word of English until I was 22.(22살이 되어서야 처음으로 영어로 말을 했어요.) 이처럼 〈not ... until ...〉 패턴에 나만의 경험을 넣어 문장을 만들어 보세요. 자연스러운 맥락 속에서 until이 훨씬 더 쉽게 익혀질 거예요.

- **Think in English** ☐

The structure "not … until …" means something did not happen or was not true before a certain time or event. After that time or event, it happens or becomes true. We often use this to **clearly show when something starts or changes**.

'not … until …' 구조는 어떤 일이 어느 시점이나 사건 전까지는 일어나지 않았거나 사실이 아니었다는 뜻이에요. 그 시점이나 사건이 지나고 나서야 일이 생기거나 사실이 되는 거죠. **어떤 일이 시작되거나 변한 시점을 분명하게 말할 때** 자주 쓰는 표현이에요.

입까지
연결하기

● 짧은 문장 ☐

1 She didn't get her first kiss **until** college.
2 Their son didn't start speaking **until** he was seven years old.

1 그녀는 대학 갈 때까지 첫 키스를 안 해봤어요.
2 그 집 아들은 일곱 살이 될 때까지 말을 안 했어요.

● 짧은 대화 ☐

A When did you start listening to classical music?
B I only started listening recently. I wasn't interested in classical music **until** I went to the opera.

A 클래식 음악은 언제부터 듣기 시작했어?
B 최근에야 듣기 시작했어. 오페라를 보기 전까진 클래식에 관심이 없었거든.

● 짧은 상황 ☐

I've been going to the library a lot these days. I'm not sure why, but I didn't start reading novels **until** I was given the entire *Harry Potter* series as a gift. Now, I can't stop reading and I'm excited to check out more books!

요즘 도서관에 자주 간다. 왜 그런지는 잘 모르겠다. 해리포터 전권을 선물로 받기 전까진 소설책을 읽지도 않았는데 말이다. 지금은 책 읽는 걸 멈추기는커녕, 더 많은 책을 빌려보는 게 기대된다!

● 한번 해볼까요?

A 커피에 대해 잘 모르시네요?
Why don't you know more about coffee?

B 30대가 될 때까지 커피를 좋아하지 않았어요. 아직도 좀 생소해요.

It's still new to me.

Ans I didn't like coffee until I was in my 30s.

55

그런 얘기 많이 들어요.

회의에서 아이디어 하나 던졌더니 팀장이 감탄합니다.
"와, 머리 진짜 좋다!" 그때 쓱 웃으며 한마디

LECTURES 51-55

이 말, 영어로 뭐라고 할까요?

● **Teacher Joe's Tip** ☐

머릿속
언어 바꾸기

단기간에 스피킹을 늘리고 싶다면, 짧고 상황에 맞는
문장을 통째로 외우는 것이 가장 효과적이에요.
문법을 따지거나 단어를 찾을 필요 없이 자연스럽게
입에서 튀어나오죠.
예를 들어 I get that a lot.(그런 얘기 많이 들어요.)라는
표현이 있어요. 동료가 You're a fast typer.(타자 진짜 빠르네.)
라고 할 때 이 표현을 툭 던지면, 짧고 쿨하면서도
여유 있는 인상을 줄 수 있어요.
여기서 핵심은 get이에요.
이 단어를 사전에서 '얻다', '이해하다', '받다' 등으로
외워봐야 실제 대화에서는 막힐 수 있어요. 대신,
이렇게 실제로 쓰는 문장을 통째로 외우면 말할 때
고민할 필요 없이 바로 써먹을 수 있고,
영어의 자연스러운 뉘앙스도 함께 익혀지게 돼요.

● **Think in English** ☐

The expression "I get that a lot." means someone has heard that comment many times before. People often say this to show **they have heard it often without sounding defensive or annoyed**. We can use it when someone says something positive or negative to us.

I get that a lot.은 그런 말을 예전에도 여러 번 들어봤다는 뜻이에요. **같은 말을 자주 들어왔다는 걸, 방어적이거나 짜증 내지 않고 부드럽게 표현**할 때 자주 써요. 긍정적인 말이든 부정적인 말이든, 어떤 말에도 쓸 수 있어요.

입까지
연결하기

● 짧은 문장 ☐

1   A   You should always wear your hair up!
    B   **I get that a lot.**
2   A   Wow! You and your mom could be twins.
    B   **We get that a lot.**

1   A   머리 묶은 게 훨씬 잘 어울려요!
    B   그런 얘기 많이 들어요.
2   A   와! 엄마랑 너랑 쌍둥이 같아.
    B   그런 말 자주 들어.

● 짧은 대화 ☐

A   You could be a really good student if you just tried harder.
B   **I get that a lot.**

A   조금만 더 열심히 하면 진짜 우수한 학생이 될 수 있을 텐데.
B   그런 얘기 많이 들어요.

● 짧은 상황 ☐

Today, on the way home, my friend told me that I'm a good listener. **I get that a lot**, and it makes me feel appreciated. I'm happy knowing I can always be there for my friends.

오늘 집에 오는 길에 친구가 나한테 말을 잘 들어주는 사람이라고 했다. 그런 말을 자주 듣는데, 들을 때마다 고마운 기분이다. 친구들 곁에서 늘 힘이 되어줄 수 있다는 게 참 행복하다.

183

● 한번 해볼까요?

A 너 진짜 웃기다! 코미디언 해야겠는데?
You're so funny! You should be a comedian.

B 고마워, 그런 말 많이 들어.
Thanks, _____.

Ans I get that a lot.

친구가 이직을 준비 중인 당신에게 묻습니다. "합격하면 바로 알려줄 거지?"
그때 씩 웃으며 대답하는 한마디

제일 먼저 알려줄게.

이 말, 영어로 뭐라고 할까요?

● Teacher Joe's Tip

머릿속 언어 바꾸기

예전에 유럽의 한 옷 매장에서 티셔츠를 산 적이 있어요. 카운터 근처 벽면에 영어 문구가 하나 적혀 있었는데, 회원 가입을 하면 할인 소식을 가장 먼저 받아볼 수 있다는 내용이었죠. You'll be the first one to know.(당신이 제일 먼저 알게 될 거예요.) 이 문장에서 흥미로운 건 매장이 주어가 아니라 고객을 주어로 삼았다는 점이에요. 우리말은 '매장에서 알려드리겠습니다'라고 하지만, 영어는 초점을 고객에게 두고 '당신이 먼저 알게 될 거예요'라고 표현하죠. 읽는 사람이 문장의 주인공이 되는 방식이에요. 이 구조는 다른 상황에서도 똑같이 쓰여요. 예를 들어, 친구가 내 머리를 가장 먼저 알아봤다면 이렇게 말하죠. My friend was the first one to notice my haircut.(내 친구가 내가 머리 자른 걸 제일 먼저 알아봤어요.) 영어는 이렇게 **주어를 통해 문장의 중심을 드러내는 언어**예요. 강조하고 싶은 대상을 문장 앞에 두는 것, 이것이 영어식 사고의 핵심이에요.

● Think in English

The phrase "be the first one to + verb" means someone will experience something before anyone else. We often use it **to make someone feel special or to show who has priority**. It can also show excitement or support for that person.

'be the first one to + 동사'는 누군가가 다른 사람보다 먼저 어떤 일을 경험하게 된다는 뜻이에요. 이 표현은 **누군가를 특별하게 느끼게 하거나, 그 사람이 우선권을 가지고 있음을 보여줄 때** 자주 써요. 또 그 사람에 대한 기대나 응원의 마음을 나타낼 수도 있어요.

입까지
연결하기

● 짧은 문장 ☐

1 You'll **be the first one to** try out our new smartphone!
2 They **were the first ones to** wake up, so they chose what to eat for breakfast.

1 새로 출시한 스마트폰을 제일 먼저 써보게 될 거예요!
2 걔네가 제일 먼저 일어나서 아침에 뭘 먹을지 골랐어.

● 짧은 대화 ☐

A Do you know if your baby will be a boy or girl?
B Not yet, but you'll **be the first one to** find out after my appointment tomorrow!

A 아기 성별은 알아?
B 아직 몰라. 근데 내일 병원 다녀오면 제일 먼저 알려줄게!

● 짧은 상황 ☐

I feel very proud of myself today. My labmates and I have been trying to solve a math problem for weeks, and I finally solved it! **I was the first one to** notice the mistake in the equation, and from there, I was able to find the answer.

오늘은 스스로가 정말 자랑스럽다. 연구실 동료들과 함께 수학 문제를 풀려고 몇 주째 애쓰고 있었는데, 마침내 내가 해결했다! 방정식에 있던 실수를 가장 먼저 알아챈 것도 나였고, 그걸 계기로 답을 찾을 수 있었다.

● 한번 해볼까요? ☐

A 새 일자리 구하게 되면 꼭 알려줘!
   Let me know if you get that new job!

B 제일 먼저 알려줄게.

Ans You'll be the first one to know.

57

관계는 힘든 법이지.

연애 고민을 털어놓는 친구. 요즘 사소한 일로 자주 싸운다며 한숨만 쉽니다. 고개를 끄덕이며 조용히 말합니다.

이 말, 영어로 뭐라고 할까요?

● Teacher Joe's Tip □

머릿속
언어 바꾸기

기본 동사일수록 뜻이 많은 이유는 분명해요. 언어는 최소한의 단어로 최대한의 의미를 전달하도록 발전해 왔기 때문이에요. 일상에서 빠르고 효율적으로 소통하려면 단어 하나가 여러 문맥에서 다양한 의미로 쓰일 수밖에 없죠. 동사 take가 그 대표적인 예예요. 우리가 흔히 아는 '가지다'나 '잡다' 외에도 〈take = need/require(필요하다)〉라는 의미로 자주 쓰이거든요. 예를 들어, 아이들을 가르치려면 인내심이 필요하죠? 영어로는 이렇게 표현해요.

Teaching young children takes patience.
(어린아이들을 가르치려면 인내심이 필요해요.) 여기서 핵심은 주어예요. '아이들을 가르치는 것(Teaching young children)'이 주어 역할을 하면서, 그것이 인내심을 필요로 한다고 말하는 구조예요. 이처럼 take는 **'시간, 노력, 성격, 조건 등이 필요하다'**란 의미로 일상에서 매우 자주 쓰이는 동사예요. 이번 기회에 '내 스피킹용 단어'에 추가해 두세요!

● Think in English □

The verb "take" can mean that **something needs or requires effort, time, or attention**. We often use it with ideas like time, energy, or patience. This word is short, direct, and common in both casual and serious conversations.

동사 take는 **어떤 일이 노력, 시간 또는 주의를 필요로 한다**는 의미가 있어요. time, energy, patience 같은 단어와 자주 함께 쓰여요. 짧고 간결하면서도 명확해서, 일상적인 대화는 물론 진지한 대화에서도 자연스럽게 쓰이는 표현이에요.

입까지
연결하기

● 짧은 문장 ☐

1   It **takes** effort to lose a lot of weight.
2   Moving to a new country alone **takes** courage.

1   살을 많이 빼려면 노력해야 해요.
2   혼자서 새로운 나라에 가는 건 용기가 필요한 일이에요.

● 짧은 대화 ☐

A   I tried apologizing, but Kate still doesn't trust me after what happened.
B   It **takes** time to build trust. It's good that you apologized.

A   사과하려고 노력했는데 그 일 이후로 Kate는 아직도 날 못 믿는 것 같아.
B   신뢰는 쌓는 데 시간이 걸려. 사과한 건 잘했네.

● 짧은 상황 ☐

I wanted to try something new this morning, so I joined a yoga class. I didn't realize it would **take** so much balance and focus. It was challenging, but I'm looking forward to tomorrow's class.

오늘 아침에 뭔가 새로운 걸 해보고 싶어서 요가 수업을 들어봤다. 균형 감각과 집중력이 그렇게 많이 필요할 줄은 몰랐다. 쉽진 않았지만, 내일 수업이 벌써 기다려진다.

● 한번 해볼까요?

A 내 자유시간을 온통 여자 친구랑만 다 보내는 것 같아.
I feel like I'm spending all my free time with my girlfriend.

B 연애가 쉽진 않지. 관계는 힘든 법이야.
Dating isn't easy. _____

Ans Relationships take work.

다이어트도, 운동도, 영어 공부도 시작은 잘하지만 오래 가지 못하는 당신. 씁쓸하게 웃으며 이렇게 말합니다.

나는 작심삼일이야.

이 말, 영어로 뭐라고 할까요?

● **Teacher Joe's Tip**

머릿속
언어 바꾸기

'작심삼일' 같은 사자성어는 한국어로는 익숙하지만, 막상 영어로 표현하려면 막히기 쉬운 표현이에요. 뜻은 알지만 영어로 어떻게 풀어야 할지 막연해지기 때문이에요. 이럴 때 잘 맞는 표현이 바로 stick to예요. stick은 원래 '붙다'라는 뜻이에요. 스티커를 떠올리면 이해가 쉬워요. 무언가에 딱 붙어 떨어지지 않는 느낌이죠. 이걸 행동에 적용하면 **'계속 붙어 있다', 즉 '포기하지 않고 이어간다'란 의미**가 돼요. 예를 들어, 결심이 오래 가지 않는다면 이렇게 말할 수 있어요. I can't stick to anything very long. (아무리 결심해도 오래 못 가요.) 여기서 stick to는 keep doing something without giving up, 즉 중간에 포기하지 않고 꾸준히 이어가는 걸 의미해요. 또, 매일 같은 루틴을 유지하는 게 힘들 때도 이렇게 쓸 수 있어요. Sticking to a routine every day is exhausting. (매일 루틴을 지키는 건 정말 피곤해요.) '작심삼일'이란 말에 딱 어울리는 stick to를 영어식 사고로 기억해 보세요.

● **Think in English**

"Stick to" means to **keep doing something without giving up**. We use it to talk about continuing habits, routines, or promises. Sometimes, we say "can't stick to" when we keep quitting or stopping something.

sick to는 **어떤 일을 포기하지 않고 계속한다**는 뜻이에요. 습관, 일과, 약속 등을 꾸준히 지킬 때 써요. 계속하려고 해도 자꾸 그만두게 될 때는 can't stick to라고 말하기도 해요.

입까지
연결하기

● 짧은 문장 ☐

1   I'm trying to **stick to** my morning routine, but it hasn't been easy.
2   I couldn't **stick to** learning the clarinet after high school because I lost interest.

1   모닝 루틴을 꾸준히 지키려고 하는데, 쉽지 않네요.
2   고등학교 졸업 후에 흥미가 떨어져서 클라리넷을 계속 배우진 못했어요.

● 짧은 대화 ☐

A   Can we go to the new pop-up store this weekend?
B   No, we really need to **stick to** saving our money.

A   이번 주말에 새로 생긴 팝업스토어 가볼까?
B   안 돼, 우리 진짜 돈 아끼기로 했잖아.

● 짧은 상황 ☐

I started a new diet last weekend. I'm not sure if I can **stick to** it because it involves cooking every meal, and I don't really know how to cook. I think I'll look up some videos online before I begin.

지난 주말에 새로운 식단을 시작했다. 매 끼니를 직접 요리해야 하는데, 요리를 잘 못해서 계속 지킬 수 있을지 잘 모르겠다. 본격적으로 시작하기 전에 인터넷에서 영상 몇 개 찾아봐야겠다.

● 한번 해볼까요?

A 한국어 배우는 건 벌써 그만두는 거야?
   Are you really giving up on learning Korean already?

B 알잖아. 나 작심삼일이야.
   You know me. _____.

Ans I can't stick to anything very long.

59 알아두면 좋겠네요.

여행 준비 중, 친구가 공항 근처에 무료 주차장이 있다는 정보를 알려줍니다.
휴대폰에 저장하며 말합니다.

LECTURES 56-60

이 말, 영어로 뭐라고 할까요?

● **Teacher Joe's Tip**

머릿속
언어 바꾸기

유용하거나 알고 있으면 도움되는 정보를 들었을 때, 이렇게 말해보세요. Good to know. 단어도 쉽고 문장도 짧지만, 막상 실전에서 바로 쓰긴 쉽지 않은 표현이에요. 예를 들어, 카페에서 충전기를 빌릴 수 있다는 걸 알게 됐어요. 그럼 이렇게 말할 수 있어요. Good to know there's a charger I can borrow. (빌릴 수 있는 충전기가 있다니 좋네요.) 여기서 Good to know는 **'알게 되어 좋다'**, **'알아두면 도움이 되겠네'**, **'꿀팁이네'** 같은 뉘앙스예요. 참고로 이 표현은 말투에 따라 전혀 다른 느낌으로도 쓰여요. 예를 들어, 친구가 "넌 말이 너무 많아."라고 했을 때 살짝 기분이 상한 상태라면 이렇게 대답할 수 있어요. You think I talk too much? Good to know. (내가 말이 많은 것 같다고? 알겠어.) 이럴 땐 감사의 의미가 아니라, 쿨한 척하면서 약간 쌀쌀맞은 반응이 돼요. 정리하면, Good to know.는 톤에 따라 감사한 표현이 될 수도, 비꼬는 말처럼 들릴 수도 있는 표현이에요. 이 점만 주의하면 정말 유용하게 쓸 수 있는 문장이니, 꼭 입에 붙여 두세요.

● **Think in English**

The phrase "Good to know." is a casual way to show you understand new information. People often use it **to thank someone politely for helpful information**. Sometimes, it is used sarcastically when the information is not helpful, obvious, or told too late.

Good to know.는 새로운 정보를 이해했다는 것을 자연스럽게 표현할 때 쓰는 말이에요. 유용한 정보를 알려준 사람에게 정중히 고마움을 전할 때 자주 써요. 때로는 별로 도움이 안 되거나, 너무 뻔하거나, 이미 늦은 정보에 대해 비꼬는 의미로 쓰기도 해요.

입까지
연결하기

● 짧은 문장 ☐

1   Good to know there's Wi-Fi in this store.
2   These pants make me look fat? Good to know.

1   이 가게 와이파이 되는 거 기억해 둬야겠다.
2   이 바지 입으면 뚱뚱해 보인다고? 아주 잘~ 알겠어. [sarcastic]

● 짧은 대화 ☐

A   The negotiations were a complete success. We can start the project.
B   Good to know!

A   협상이 아주 잘 끝났어요. 이제 프로젝트를 시작할 수 있어요.
B   좋은 소식이네요!

● 짧은 상황 ☐

> I've been getting ready for a language test, but haven't found a good place to study. A friend told me about a cafe that's open 24 hours every day of the week and is quiet at night. That's really good to know because I can also order coffee to stay awake.

요즘 어학 시험을 준비 중인데, 공부하기 좋은 장소를 아직 못 찾았다. 친구가 밤에도 아주 조용하고, 일주일 내내 24시간 운영하는 카페를 하나 알려줬다. 잠을 깰 겸 커피도 마실 수 있으니, 정말 유용한 정보다.

● 한번 해볼까요? ☐

A 화장실 비밀번호는 영수증 맨 아래에 있어요.
The bathroom password is at the bottom of your receipt.

B 알아두면 좋겠네요.

_____

Ans Good to know.

자녀들이 장난스럽게 경쟁하듯 묻습니다. "엄마, 솔직히 누가 더 좋아?"
호탕히 웃으면서 말하며

LECTURES 56-60

엄마는 누구 하나만 좋아하지 않아.

이 말, 영어로 뭐라고 할까요?

● **Teacher Joe's Tip**

머릿속 언어 바꾸기

모든 단어의 품사를 다 외울 필요는 없지만, 자주 쓰는 단어는 어떤 품사로 쓰이는지 아는 게 큰 도움이 돼요. 예를 들어, favorite는 흔히 형용사로만 알고 있지만, **명사로도 매우 자주 쓰이는 단어**예요. 명사로 쓰이면 '가장 좋아하는 사람'이나 '편애하는 사람'을 의미하죠. 예를 들어, 회사에 사장님이 유독 아끼는 직원이 있다면 이렇게 말할 수 있어요.
It's obvious who the boss's favorites are. (사장님이 누구를 편애하는지 뻔히 보여요.) 또, 아이 셋을 둔 엄마가 "엄마는 누구 하나만 좋아하지 않아."라고 말하고 싶다면 이렇게 표현할 수 있어요.
I don't have favorites. (나는 누구 하나만 편애하지 않아.)
favorite은 사람 사이의 관계에서 특히 자주 등장하는 단어예요. 형용사뿐 아니라 명사로도 쓰인다는 점을 기억해 두면, 실전 대화에서 훨씬 자연스럽게 활용할 수 있어요.

● **Think in English**

The word "favorite" is often used as a noun. It can mean **a person, thing, or activity that someone likes the most**. For example, you can say, "Pizza is my favorite." or "She is the teacher's favorite." In families, schools, or workplaces, it can also describe someone who is treated better than others.

favorite이라는 단어는 명사로 자주 쓰여요. **누군가가 가장 좋아하는 사람, 물건, 활동**을 뜻할 때 쓰이죠. 예를 들어, Pizza is my favorite.(피자는 내가 가장 좋아하는 거예요.) 또는 She is the teacher's favorite.(그녀는 선생님의 총애를 받는 학생이에요.)이라고 말할 수 있어요. 가족, 학교, 직장 등에서는 다른 사람보다 더 잘 대우받는 사람을 가리킬 때도 써요.

입까지
연결하기

● 짧은 문장 ☐

1   My mother always says that she doesn't have **favorites**.
2   I enjoy spending time with all my friends, so I don't have any **favorites**.

1   우리 엄마는 늘 누구 하나만 편애하지 않는다고 하신다.
2   나는 모든 친구와 어울리는 게 좋아서, 특별히 더 좋아하는 친구는 없다.

● 짧은 대화 ☐

A   Do you think our manager has any **favorites**? He gave John extra time off.
B   I don't think so. John got extra time off because he's sick.

A   우리 매니저가 직원들 편애하는 것 같지 않아요? John한테 휴가를 더 줬잖아요.
B   그런 것 같진 않아요. John은 아파서 휴가를 더 받은 거예요.

● 짧은 상황 ☐

As a public school teacher, I'm always afraid some of my students will think I have **favorites**. Today, a student came up to me to ask if I did because she saw me helping her classmate with some homework. I had to explain I did that because the student was falling behind.

공립학교 교사로서, 일부 학생들이 내가 누군가를 편애한다고 생각할까 봐 늘 걱정된다. 오늘 한 학생이 와서 내게 편애하는 학생이 있냐고 물었는데, 내가 다른 학생의 숙제를 도와주는 걸 봤기 때문이었다. 그 학생이 수업을 잘 따라가지 못해서 도와준 거라고 설명해 줘야 했다.

● 한번 해볼까요? ☐

A　Timmy가 엄마가 제일 좋아하는 아들이죠. 걔는 자기가 원하는 건 항상 다 가지잖아요.
Timmy is your favorite. He always gets whatever he wants.

B　엄마는 누구 하나만 좋아하지 않아. 너희 다 똑같이 사랑한단다.
_____ I love you all the same.

Ans I don't have favorites.

새로 배운 요리 레시피를 연습했지만 아직 서툰 당신.
완성된 요리를 보고 어깨를 으쓱하며 말하며

LECTURES 61-65

아직 갈 길이 멀어요.

이 말, 영어로 뭐라고 할까요?

● **Teacher Joe's Tip** ☐   머릿속
                                              언어 바꾸기

work on은 어떤 일을 완성하거나 더 나아지게 만들기 위해
집중하고 있는 상태를 말할 때 쓰는 표현이에요. 단순히
'일하다'라는 의미가 아니라, **특정 목표나 과제를 붙잡고
진행 중**이라는 뉘앙스를 갖고 있어요. 예를 들어,
회사에서 앱을 개발 중이라면 이렇게 말할 수 있어요.
They're working on a new app for students.
(학생용 새 앱을 개발 중이에요.)

일상에서 가장 자주 들을 수 있는 문장은 바로 이거예요.
I'm still working on it. (아직도 하고 있어요.)
이 말은 '아직 덜 됐지만 계속 진행 중'이라는 뜻으로,
자연스럽게 '아직 갈 길이 멀어요.'라는 느낌과도 잘
어울려요. 또한 목표나 실력을 키울 때도 쓸 수 있어요.
이처럼 work on은 미완성된 일을 진행하거나 개선하려고
노력하는 상황에서 정말 자주 쓰이는 표현이에요.
입에 자연스럽게 붙을 때까지
여러 번 소리 내어 연습해 보세요.

● **Think in English** ☐

When we "work on" something, it means we are putting steady
effort into improving or finishing it. It shows the **task is not
done yet, but we are making progress**. This phrase sounds
friendly and more positive than just saying, "I'm not done yet."

work on은 무언가를 개선하거나 마무리하기 위해 꾸준히 노력하고 있다는 뜻이에요.
아직 일이 끝난 건 아니지만, 진행 중이라는 걸 보여줘요. 단순히 I'm not done yet.이라고
말하는 것보다 더 긍정적이고 부드러운 느낌을 줘요.

입까지
연결하기

● 짧은 문장 □

1   She's still **working on** her Japanese skills.
2   I think the IT department is still **working on** the software update.

1   그녀는 아직 일본어 실력을 더 키우는 중이에요.
2   IT 부서가 아직 소프트웨어 업데이트 작업을 진행 중인 것 같아요.

● 짧은 대화 □

A   What are you **working on**?
B   I'm knitting a scarf for my niece. I think it's almost done.

A   뭐 하고 있어?
B   조카 주려고 목도리 뜨고 있어. 거의 다 된 것 같아.

● 짧은 상황 □

My husband and I realized that our baby is due in two months. We've been **working on** the baby room by adding a crib, painting the walls, and picking out toys. We're so excited!

남편과 나는 아기가 두 달 뒤면 태어난다는 걸 실감하게 됐다. 아기 침대를 들여놓고, 벽에 페인트를 칠하고, 장난감도 고르며 아기방을 하나하나 꾸미고 있다. 정말 설렌다!

● 한번 해볼까요?

A 내일 발표 준비는 다 했어?
Have you finished your presentation for tomorrow?

B 아니 아직. 갈 길이 멀어.
Not yet. _____

Ans I'm still working on it.

62

거실에 들어서자마자 소파 옆에 아무렇게나 벗어놓은 양말이 눈에 들어옵니다. 양말을 집어 들며 못마땅한 표정으로

양말 거기 두지 말랬지?

LECTURES 61-65

이 말, 영어로 뭐라고 할까요?

● Teacher Joe's Tip

머릿속
언어 바꾸기

보통 go라고 하면 먼저 '가다'부터 떠올리죠. 그런데 영어에서 go는 꼭 사람이 이동할 때만 쓰이지 않아요. 물건이 있어야 할 제자리를 말할 때도 go를 쓰거든요. 예를 들어, 바나나를 냉장고에 넣지 말라고 할 때 이렇게 말해요. The bananas don't go in the refrigerator. (바나나는 냉장고에 두는 게 아니야.) 여기서 주어는 사람이 아니라 '물건'이에요. 그래서 put, keep, store 같은 동사보다 go가 훨씬 더 자연스럽게 들려요. 이 구조는 활용하기도 쉬워요. 명사만 바꿔서 이렇게 연습해 보세요. That's not where the books go/the remote goes/the dishes go. (그건 책을/리모컨을/접시를 두는 자리가 아니에요.)
이제부터 go를 보면 '사람이 가다'뿐 아니라, '물건의 자리'도 함께 떠올려 보세요.
일상 속에서 자주 쓸 수 있는 감각이 생길 거예요.

● Think in English

We use "go" to talk about the right place for something. It is a simple, casual way to say **where things should be put or stored**. Native speakers usually say "go" instead of more formal words like "belong" or "should be placed."

go는 어떤 물건이 있어야 할 알맞은 위치를 말할 때 써요. **물건을 어디에 두거나 보관해야 하는지**를 간단하고, 일상적으로 말할 수 있는 표현이에요. 원어민들은 belong이나 should be placed 같은 격식 있는 표현보다 go를 더 자주 써요.

입까지
연결하기

● 짧은 문장 ☐

1   Where do the kids' toys **go**?
2   I don't know where the recycling **goes**, can you show me?

1   아이들 장난감은 어디에 두면 돼?
2   재활용품은 어디에 두는지 잘 몰라. 좀 알려줄래?

● 짧은 대화 ☐

A   Are these pencils supposed to be on the table?
B   No, they **go** in that box over there.

A   이 연필들, 원래 책상 위에 두는 거야?
B   아니, 저기 있는 상자에 넣는 거야.

● 짧은 상황 ☐

This morning was really busy because I woke up late. Because of that, I didn't have time to pack my son's backpack for school. He doesn't know where everything is supposed to **go**, so he had to ask his sister for help.

오늘 아침은 늦잠을 자는 바람에 정말 정신없었다. 그래서 아들의 학교 가방을 챙길 시간도 없었다. 아들은 물건을 어디에 넣어야 하는지 몰라서 누나한테 도움을 청해야 했다.

● 한번 해볼까요? ☐

A 양말 거기 두지 말랬지?
　　_____

B 알아. 금방 치울 거야.
　I know. I'll put them away in a minute.

Ans. That's not where the socks go.

63

우리 너무 대충 입고 온 것 같아.

결혼식장에 도착했는데, 다들 정장과 드레스로 멋지게 차려입은 모습입니다. 옆 사람을 보며 멋쩍게 웃으며 말하며

LECTURES 61-65

이 말, 영어로 뭐라고 할까요?

- **Teacher Joe's Tip**

기본 단어 dress에 앞뒤로 단어 몇 개만 붙여도 전혀 다른 뉘앙스가 만들어져요. 예를 들어, dress up은 평소보다 더 꾸미거나 차려입는 경우에, dress down은 반대로 평소보다 편하게 입는 경우에 쓰여요. 여기서 한 발 더 들어가 볼까요? overdress는 너무 과하게 입은 상태, underdress는 반대로 너무 대충 입은 상태를 말해요. 예를 들어 가벼운 모임인 줄 알고 편하게 갔는데, 다들 멋지게 차려입고 왔다면? 그 순간 I'm completely underdressed!라고 외칠 수 있어요. '너무 대충 입고 왔어'라는 뜻이에요. **상황에 비해 지나치게 캐주얼하거나 격식 없이 입었을 때** 딱 맞는 표현이죠. 이처럼 under 하나만 잘 써도 길게 설명할 필요 없이 감정을 정확히 전달할 수 있어요. 이런 게 바로 영어식 사고의 매력이에요. 짧고 간결한데, 제대로 한 방 먹이는 듯 시원하게 말할 수 있다는 점이죠.

- **Think in English**

"Underdressed" means wearing clothes that **are too casual or informal for an occasion**. It is a casual way to say someone should have worn more appropriate or formal clothes. The opposite word is "overdressed," which means wearing clothes that are too fancy compared to others.

underdressed는 어떤 자리에 비해 너무 캐주얼하거나 편한 옷을 입었다는 뜻이에요. 좀 더 적절하거나 격식을 갖춘 옷을 입어야 했다는 걸 말할 때 쓰는 일상적인 표현이죠. 반대말은 overdressed로, 다른 사람들에 비해 너무 과하게 차려입었다는 뜻이에요.

입까지
연결하기

● 짧은 문장 ☐

1   You look too **underdressed** for your interview.
2   The bride was disappointed because many guests at her wedding were **underdressed**.

1   면접 가는 사람치고는 너무 대충 입은 거 아니야?
2   결혼식에 온 많은 하객들이 너무 캐주얼하게 입고 와서 신부가 실망했다.

● 짧은 대화 ☐

A   That dress looks amazing on you!
B   It does, but I think it makes me look **underdressed** for the school dance.

A   그 드레스 너한테 너무 잘 어울려!
B   그치, 근데 학교 댄스 파티에서 입기엔 너무 캐주얼한 것 같아.

● 짧은 상황 ☐

> I went to a friend's birthday party last night. As soon as I arrived, I noticed everyone was wearing suits and dresses. Apparently, there was a dress code, so I ended up feeling completely **underdressed**.

어젯밤 친구 생일 파티에 다녀왔다. 도착하자마자 보니 다들 정장이나 드레스를 입고 있었다. 드레스 코드가 있었던 게 분명하다. 그래서 나 혼자만 완전 대충 입고 온 것처럼 느껴졌다.

● 한번 해볼까요?

A 우리 너무 대충 입고 온 것 같아요.

B 응, 그런 것 같네. 갈아입으러 가자!
   Yeah, you're probably right. Let's go change!

Ans I think we might be underdressed.

빨래방에서 기다리던 중, 친구에게 전화가 옵니다.
"왜 이렇게 오래 걸려?" 하는 소리에 대꾸하며

세탁기가 전부 사용 중이라
기다려야 했어.

이 말, 영어로 뭐라고 할까요?

● Teacher Joe's Tip

머릿속
언어 바꾸기

코인 빨래방에 갔는데 모든 세탁기가 돌아가고 있거나, 헬스장에 갔는데 러닝머신이 전부 사용 중인 상황이에요. 이럴 땐 어떤 영어 표현이 먼저 떠오르나요? 이제부터 be taken을 떠올려 보세요. **누군가 이미 사용 중이거나 다른 사람이 차지한 상태**를 말할 때 쓰는 표현이에요.
영어식 사고로 풀면 be already used or be occupied by someone else가 되는 거죠. 심지어 상대에게 애인이 있다고 말할 때도 be taken을 쓸 수 있어요. 예를 들어, 어떤 여성이 눈에 들어왔는데 이미 누군가와 만나고 있을 것 같다면 이렇게 말할 수 있어요. I'm pretty sure she's taken. (확실히 그 여자는 애인이 있는 것 같아요.)
아는 단어에서 새로운 얼굴을 발견하는 순간, 괜히 뿌듯하지 않나요?

● Think in English

The expression "be taken" means that something is already used or occupied by someone else. We use this phrase in the passive voice because who took it doesn't matter; what's important is that it isn't available. It's a common way to say **something is not free to use**, and it can describe seats, jobs, usernames, or even a romantic partner.

be taken은 무언가가 이미 다른 사람에 의해 사용 중이거나 누가 차지하고 있다는 뜻이에요. 누가 그랬는지는 중요하지 않기 때문에 수동태로 표현해요. 지금은 이용할 수 없다는 게 핵심적인 의미예요. **무언가를 자유롭게 이용할 수 없다**는 뜻으로 자주 쓰이며, 자리나 직업, 아이디는 물론 연인 관계를 말할 때도 써요.

입까지
연결하기

● 짧은 문장 ☐

1   All of the parking spots at the mall **were taken** when I arrived.
2   That username **is** already **taken**. Please choose a different one.

1   도착했을 때 쇼핑몰 주차 자리가 전부 차 있었어요.
2   이미 사용 중인 아이디입니다. 다른 아이디를 선택해 주세요.

● 짧은 대화 ☐

A   Were you able to use a computer at the Internet café?
B   No, they **were** all **taken**.

A   인터넷 카페에서 컴퓨터 쓸 수 있었어?
B   아니, 다 사용 중이었어.

● 짧은 상황 ☐

> A Michelin-star restaurant just opened in my city. They don't take reservations. My friend and I tried to go a week after it opened, but all the tables **were taken**.

우리 동네에 미슐랭 스타 레스토랑이 새로 생겼다. 예약은 받지 않는다. 오픈하고 일주일 뒤 친구랑 가봤는데, 자리가 하나도 없었다.

● 한번 해볼까요?

A 왜 아직도 빨래가 안 끝났어?
   Why isn't your laundry done yet?

B 세탁기가 전부 사용 중이라 기다려야 했어.

Ans All the washing machines were taken, so I had to wait.

65

취업 상담차 찾아온 후배가 캠퍼스 생활과 동아리 얘기를 꺼냅니다.
그 시절이 떠오르듯 미소를 지으며

Learn fast with YouTube

LECTURES 61-65

솔직히 다시 네 나이로 돌아가고 싶어.

이 말, 영어로 뭐라고 할까요?

● Teacher Joe's Tip □

머릿속
언어 바꾸기

두 가지 중 하나를 더 선호할 때 영어에서는
〈I'd rather + 동사〉 패턴을 자주 써요. 우리말로는
'차라리 ~하는 게 낫겠어' 라는 뉘앙스에 가깝죠.
네이티브에게 이 표현은 I want보다는 더 정중하게,
I'd prefer보다는 덜 격식 있게 느껴져서
편하게 쓰기 좋은 실전 표현이에요.
예를 들어, 혼자 일하는 게 그룹보다 더 낫다고 느낄 땐
이렇게 말해요. I'd rather work alone than in a group.
(그룹으로 일하는 것보다 차라리 혼자 일하는 게 낫겠어.)
참고로 I'd rather는 I would rather의 줄임말이에요.
종종 I had로 착각하기 쉽지만, rather와 붙을 땐
무조건 would라고 생각하면 편해요.
짧지만 센스 있게 쓰면, 딱 원하는 만큼만
내 취향을 드러낼 수 있는 표현이에요.

● Think in English □

The phrase "I'd rather" is used to show **a preference between two choices**. It can be about real situations or things we imagine. It sounds more polite than "I want," but less formal than "I'd prefer."

I'd rather는 **두 가지 선택지 중 하나를 더 선호할 때** 쓰는 표현이에요. 현실 상황은 물론, 상상하는 상황에도 쓸 수 있어요. I want보다는 공손하게 들리고, I'd prefer보다는 덜 격식적인 표현이에요.

입까지
연결하기

● 짧은 문장 ☐

1   **I'd rather** take the train than fly.
2   **I'd rather** be poor and happy than rich and miserable.

1   비행기 타는 것보다는 기차 타는 게 더 좋아요.
2   부유하고 불행한 것보다 가난해도 행복한 게 더 낫지.

● 짧은 대화 ☐

A   Today has been busy. Do you still want to go out tonight?
B   **I'd rather** we stay home.

A   오늘 너무 바빴잖아. 그래도 오늘 밤에 나가고 싶어?
B   그냥 집에 있는 게 낫겠어.

● 짧은 상황 ☐

My friend and I are meeting up tomorrow to watch the newest horror movie. I really don't like horror movies, so **I'd rather** see something else. Hopefully the movie isn't long, so we can do something else afterward.

내일 친구랑 만나서 새로 나온 공포 영화를 보기로 했다. 난 공포 영화를 별로 안 좋아해서, 사실 다른 걸 보고 싶다. 영화가 너무 길지만 않았으면 좋겠다. 그러면 끝나고 다른 것도 할 수 있을 테니까.

● 한번 해볼까요? ☐

A 빨리 서른이 됐으면 좋겠어!
  I can't wait until I turn 30!

B 그렇게 서두를 필요 없어. 솔직히 난 다시 네 나이로 돌아가고 싶어.
  Don't be in such a hurry. _____

Ans Honestly, I'd rather be your age again.

친구가 괜찮다며 웃어 보이지만, 평소와 다른 기색이 역력합니다.
잠시 바라보다가 조용히 말하길

뭔가 잘못됐을 때 나는 알 수 있어.

이 말, 영어로 뭐라고 할까요?

머릿속
언어 바꾸기

- **Teacher Joe's Tip** ☐

눈을 가리고 콜라랑 스프라이트를 구분할 수 있을까요? 이럴 때 '구분하다'에 해당하는 동사가 바로 tell이에요. 우리는 흔히 tell을 '말하다'로만 알지만, 사실 '눈치채다, 알아차리다'란 뜻으로도 아주 자주 쓰여요. 예를 들어, 하늘을 보니 비가 올 것 같을 때는 이렇게 말해요. Let's go inside because I can tell it's going to rain soon.(안으로 들어가자, 곧 비가 올 것 같아.) 또는 상사가 내가 얼마나 피곤한지 알아챘다면 이렇게 표현할 수 있어요. My boss could tell how tired I was today. (상사가 오늘 내가 얼마나 피곤한지 알아챘어요.) 여기서 tell은 **보고, 듣고, 느껴서 감으로 아는 동사**고, know는 이미 알고 있는 사실을 말해요. 우리말로는 둘 다 '알다'이지만, 영어에선 이 둘을 바꿔 쓸 수 없는 경우가 많아요. 이제 tell을 '말하다'에만 묶어두지 말고, '감으로 아는 동사'로 기억해 보세요!

- **Think in English** ☐

The word "tell" means to notice, understand, or know something from clues or feelings. We use it to say **we know what is happening without being told directly**. It is very common and can be used in formal or informal situations with people, animals, or even the weather.

tell이라는 단어는 단서나 느낌을 통해 어떤 것을 알아차리거나, 이해하거나, 알게 된다라는 뜻이에요. **직접 듣지 않아도 무슨 일이 일어나고 있는지 알 수 있을 때** 이렇게 말해요. 이 단어는 매우 흔하게 쓰이며, 사람, 동물, 심지어 날씨와 관련된 상황에서도 격식 있는 자리와 일상적인 자리 모두에서 사용할 수 있어요.

● 짧은 문장 ☐

1 How can you **tell** when your dog is hungry?
2 Did you get good news? I can **tell** you're excited.

1 강아지가 배고픈 걸 어떻게 알아채?
2 좋은 소식 들었어? 들떠 보여.

● 짧은 대화 ☐

A I felt so nervous during my entire speech!
B I couldn't **tell**! You looked so relaxed.

A 발표 내내 너무 긴장했어요!
B 전혀 몰랐어요! 정말 여유로워 보이던데요?

● 짧은 상황 ☐

I had to take my cat to the vet this morning because I could **tell** something was wrong. She hasn't been eating for a few days. I was so worried, but it turns out everything was fine and she probably just doesn't like the new food I got for her.

오늘 아침에 고양이를 병원에 데려갔다. 뭔가 이상한 걸 눈치챘기 때문이다. 며칠째 밥을 안 먹고 있었다. 너무 걱정했는데, 다행히 아무 이상 없었고 그냥 새로 사준 사료가 입에 안 맞았던 것 같다.

Ans I can tell when something's wrong.

● 한번 해볼까요? ☐

A 오늘 꽃 고마워. 내가 속상한 거 어떻게 알았어?
   Thanks for the flowers today. How did you know I was upset?

B 난 네 절친이잖아. 무슨 문제 있으면 딱 알지.
   I'm your best friend. _____

67 이 뮤지션들은 잘 몰라.

카페에 앉아 있는데, 스피커에서 생소한 음악이 흘러나옵니다.
휴대폰 화면을 보며 말하길

LECTURES 66-70

이 말, 영어로 뭐라고 할까요?

● Teacher Joe's Tip

머릿속 언어 바꾸기

familiar를 '익숙한, 친숙한'으로만 알고 있다면, 실전 대화에서 자연스럽게 꺼내기 어려워요. 사실 familiar는 단순히 '익숙하다'를 넘어, **들어본 적 있다**, **본 적 있다**는 의미로도 자주 쓰여요. 한두 번이 아니라 여러 번 접해서 어느 정도 안다는 뉘앙스죠. 예를 들어, 멕시코 음식은 여러 번 먹어봤지만 이 요리는 처음이라면 이렇게 말해요. I'm familiar with Mexican food, but I haven't had this dish before. (멕시코 음식은 익숙한데, 이 요리는 처음이에요.) 또, 모른다고 말할 때도 I don't know. 대신 이렇게 말하면 더 부드러워요. I'm not familiar with that. (그건 잘 몰라요.) 그리고 상대가 예전에 들은 얘기 같을 때는 이렇게 물을 수 있어요. Sounds familiar? (예전에 들어본 얘기 같지 않아요?) 이렇게 쓰면 familiar가 훨씬 살아 움직이는 단어로 느껴져요. 이제 '익숙한'에만 가두지 말고, '접해봐서 아는' 감각으로 익혀보세요!

● Think in English

The phrase "be familiar with" means you know about someone or something because **you have seen, heard, or used it before**. We use it when talking about people, places, ideas, and more. It is a casual phrase that sounds more polite and softer than saying "I don't know."

be familiar with는 예전에 본 적이 있거나, 들어봤거나, 사용해 본 적이 있어서 어떤 사람이나 사물에 대해 알고 있다는 뜻이에요. 사람, 장소, 개념 등 다양한 것에 관해 이야기할 때 써요. I don't know.라고 말하는 것보다 좀 더 정중하고 부드럽게 들리는 일상적인 표현이에요.

입까지

연결하기

● 짧은 문장 ☐

1   **Are** you **familiar with** Apple products?
2   She**'s** not **familiar with** the area, so she has to use a map.

1   애플 제품 써본 적 있어요?
2   그녀는 그 지역을 잘 몰라서 지도를 봐야 해요.

● 짧은 대화 ☐

A   Have you ever been to Gyeongju?
B   No, I haven't. I**'m** not **familiar with** that city. Is it a nice place to visit?

A   경주 가본 적 있어?
B   아니, 아직 안 가봤어. 경주는 잘 몰라. 가볼 만해?

● 짧은 상황 ☐

> I spent time with my nephew today who is really into gaming. He introduced me to a game called *The Legend of Zelda*. I**'m** not **familiar with** it, but I want to learn more about it so we can play it together.

오늘 게임을 정말 좋아하는 조카와 시간을 보냈다. 조카가 '젤다의 전설'이라는 게임을 알려줬다. 그 게임은 잘 모르지만, 같이 할 수 있게 좀 더 알아보고 싶다.

● **한번 해볼까요?**

A 오, 내 록 앨범 모음집을 찾았네.
Oh, you found my collection of rock albums.

B 유명했어? 이 뮤지션들은 잘 몰라.
Were they popular?

Ans I'm not familiar with these musicians.

동료가 또다시 서류 정리를 부탁합니다.
서류를 받아들며 말하길

가끔 도와주는 건 괜찮은데 항상 그러지는 않아.

이 말, 영어로 뭐라고 할까요?

● **Teacher Joe's Tip**　□　머릿속
　　　　　　　　　　　　　　언어 바꾸기

영어가 서툴 때는 감정을 직설적으로 표현하게 돼요. 섬세한 뉘앙스를 나누려 해도 단어 선택이 아직 익숙하지 않기 때문이에요. 그렇다고 꼭 어려운 단어를 써야만 미묘한 감정을 표현할 수 있는 건 아니에요. 대표적인 예로 〈I don't mind + ing〉 패턴이 있어요. 이건 무척 하고 싶진 않지만, 그렇다고 아예 싫은 것도 아닌 **'그럭저럭 괜찮은 상태'**를 말할 때 딱이에요. 예를 들어, 식당에 줄 서는 걸 좋아하진 않지만 잠깐 기다리는 건 괜찮다면 이렇게 말해요. I don't mind waiting a few minutes. (몇 분 정도 기다리는 건 괜찮아요.)

이 패턴 하나만으로도 '대놓고 좋지도 싫지도 않은' 그 애매한 회색지대의 감정을 자연스럽게 표현할 수 있어요. 이런 게 바로 영어에서 은근히 센스 있는 한마디예요.

● **Think in English**　□

The phrase "I don't mind -ing" means someone is **okay with doing something, but not very excited about it**. It is a polite way to agree without showing strong feelings. We can also use it to politely say how much help we are willing to give.

I don't mind -ing는 **어떤 일을 해도 괜찮긴 하지만, 크게 내키는 건 아니라는 뜻**이에요. 강한 감정을 드러내지 않으면서 정중하게 동의할 때 쓰는 표현이에요. 또 얼마나 도와줄 수 있는지를 부드럽게 표현할 때도 쓸 수 있어요.

입까지
연결하기

● 짧은 문장 ☐

1   **I don't mind watching** your kids while you go grocery shopping.
2   **I don't mind working** on Christmas, but I would like New Year's Day off.

1   네가 장 보러 가는 동안 아이들 봐주는 건 괜찮아.
2   크리스마스에 일하는 건 괜찮지만, 새해 첫날은 쉬고 싶어요.

● 짧은 대화 ☐

A   I left my laptop at home. Could I borrow yours for the meeting?
B   **I don't mind lending** it. I'll need it back after you're done.

A   노트북을 집에 두고 왔어. 회의 때 네 거 좀 빌려줄 수 있어?
B   응, 빌려줄게. 끝나고 바로 줘야 해.

● 짧은 상황 ☐

My sister asked me if I could edit her research paper. **I don't mind taking** a look at it and fixing a few things, but I have my own work to do. I wish she would just pay someone to do it instead.

여동생이 자기 연구 논문을 좀 봐줄 수 있냐고 물어봤다. 한번 훑어보고 몇 군데 고쳐주는 건 괜찮지만, 나도 내 일이 있다. 차라리 돈 주고 맡겼으면 좋겠다.

● 한번 해볼까요?

A 자원봉사를 좀 더 해줄 수 있으면 정말 좋을 것 같아요.
It would be great if you could volunteer more.

B 가끔 도와주는 건 괜찮은데 매번은 좀 그래요. 한 달에 두 번은 어때요?
_____
How about twice a month?

Ans I don't mind helping out sometimes but not all the time.

69

점심시간, 동료가 승진 소식을 묻습니다.
고개를 저으며 담담하게 말하길

LECTURES 66-70

다른 사람한테 넘어갔어.

이 말, 영어로 뭐라고 할까요?

● Teacher Joe's Tip □

머릿속
언어 바꾸기

우리가 흔히 아는 go는 '가다'라는 뜻이죠. 하지만 영어에서 go는 '~에게 돌아가다, ~에게 주어지다'라는 의미로도 아주 자연스럽게 쓰여요. 이때 구조는 something goes to someone이에요. 예를 들어, 승진이 다른 사람에게 넘어갔다면 이렇게 말해요. The promotion went to someone else. (그 승진은 다른 사람에게 갔어요.) 이 표현은 다른 상황에도 똑같이 적용돼요. 영화 주연이 신인 배우에게 돌아갔다면 The lead role went to a new actress. (주연은 신인 배우에게 돌아갔어요.) 이런 식으로 go는 단순히 '움직이는 동사'가 아니라, **'권리나 기회가 누구에게 주어지는지'** 를 말할 때도 쓰여요. 이미 아는 단어지만 이렇게 확장해 쓰면 훨씬 자연스러운 영어가 돼요.

● Think in English □

The phrase "something goes to someone" means that something is given, awarded, or chosen for a person. It is often used for prizes, chances, or duties. We use this phrase politely and indirectly to say **who won or was picked, especially in competitions**.

something goes to someone은 어떤 것이 누군가에게 주어지거나, 수여되거나, 그 사람에게 돌아간다는 뜻이에요. 상, 기회, 책임 등을 말할 때 자주 쓰이는 표현이에요. **특히 경쟁 상황에서 누가 뽑혔는지, 누가 이겼는지**를 정중하고 직접적이지 않게 말할 때 써요.

입까지
연결하기

● 짧은 문장 ☐

1   The scholarship **went** to my classmate.
2   The last slice of cake **goes** to whoever cleans their room first!

1   장학금은 제 반 친구가 받았어요.
2   마지막 케이크 한 조각은 방을 먼저 치우는 사람한테 줄 거야!

● 짧은 대화 ☐

A   Who won last night's costume contest?
B   The prize **went** to Sarah. Her BeetleJuice costume was amazing.

A   어젯밤 코스튬 대회에서 누가 상 탔어?
B   Sarah가 받았어. 비틀쥬스 코스튬이 진짜 대박이었어.

● 짧은 상황 ☐

We finally got our son a puppy. My husband and I told him he had to feed the new puppy every day, but the responsibility suddenly **went** to me. I don't mind, but I want our son to learn how to raise a pet.

드디어 아들이 강아지를 키우게 됐다. 남편과 나는 매일 강아지 밥 챙기는 건 아들 몫이라고 말했지만, 책임이 어느새 나한테 넘어왔다. 상관은 없지만, 아들이 반려동물 돌보는 법을 제대로 배웠으면 좋겠다.

225

● 한번 해볼까요? ☐

A 오늘 회사에서 뭐 특별한 소식 있어?
So, any big news from work today?

B 이번에 승진을 못 했어. 다른 사람한테 넘어갔어.
I didn't get the promotion. _____

Ans It went to someone else.

새로운 프로젝트를 맡게 된 당신. 동료가 어렵지 않겠냐고 묻습니다.
미소 지으며 자신 있게 말하길

LECTURES 66-70

그 일은 어렵지만 할 수 있다고 생각해요.

이 말, 영어로 뭐라고 할까요?

● **Teacher Joe's Tip**

머릿속
언어 바꾸기

형용사 doable을 들어본 적 있나요? '하다'라는 뜻의 do와 '할 수 있는'이라는 뜻의 able이 합쳐져서 만들어진 단어예요. 그래서 최종 의미는 '실행 가능한, 해볼 만한'이죠. 단순히 '할 수 있다'가 아니라, 완전히 쉽진 않지만 **'현실적으로 충분히 가능한 수준'이란 뉘앙스**가 담겨 있어요. 예를 들어, 한 달 치 밀프렙을 한꺼번에 해두는 건 쉬운 일은 아니지만, 계획만 잘 세우면 충분히 가능하죠. 이럴 때 이렇게 말해요. Meal prepping for the month is totally doable if you plan far enough in advance.
(계획만 미리 잘 세우면 한 달 치 밀프렙도 충분히 할 수 있어요.)

doable은 듣는 순간 '어렵지만 해볼 만한 도전' 같은 느낌을 줘요. possible, manageable, realistic 같은 단어들과 함께 기억해 두면, 영어식 감각이 훨씬 자연스러워질 거예요.
생각보다 쓰임새가 꽤 'doable'하죠?

● **Think in English**

The word "doable" means that something can be done, even if it is hard. It shows that you believe **the task can be finished successfully**. We use this word to encourage others and sound positive and confident.

doable은 아무리 어려워도 해낼 수 있다는 뜻이에요. 어떤 일을 성공적으로 끝낼 수 있다고 믿는다는 걸 보여주죠. 이 표현은 다른 사람을 격려하거나, 긍정적이고 자신감 있게 말하고 싶을 때 써요.

입까지
연결하기

● 짧은 문장 ☐

1   I think saving money is doable if I stop eating out.
2   I know cleaning our apartment in one day is hard, but it's doable.

1   외식만 안 하면 돈 모으는 것도 해볼 만할 것 같아.
2   우리 아파트를 하루 만에 청소하는 게 힘든 건 알지만, 불가능하진 않아.

● 짧은 대화 ☐

A   Are you sure you can change the car's tire?
B   It's doable if I have the right equipment.
A   너 진짜 타이어 갈 수 있어?
B   도구만 제대로 있으면 할 수 있어.

● 짧은 상황 ☐

I've been asked to be part of a photoshoot for a new clothing line. I have to do my own make-up, which I've never done before. The photoshoot is in three weeks, so I think it will be doable if I practice my make-up every day.

새 의류 브랜드 화보 촬영에 참여해 달라는 요청을 받았다. 메이크업을 직접 해야 하는데, 한 번도 해본 적이 없다. 촬영은 3주 후라서, 매일 연습하면 할 수 있을 것 같다.

● 한번 해볼까요? ☐

A 매일 아침 러닝할 시간을 대체 어떻게 내요?
   How do you find the time to go for a run every morning?

B 쉽진 않지만, 하려면 할 수 있다고 생각해요.

Ans It's challenging, but I find it doable.

두유가 건강에 좋을까?

이 말, 영어로 뭐라고 할까요?

● Teacher Joe's Tip

머릿속
언어 바꾸기

형용사를 제대로 쓰면 단어 하나로도 핵심을 전달할 수 있어요. 덕분에 영어 문장은 더 간결하고 깔끔해지고요. 예를 들어, '건강에 좋다'는 말을 보통 good for your health 라고 하죠. 자연스럽고 원어민도 자주 쓰는 표현이에요. 그런데 이걸 **형용사 하나로 줄일 수 있다는 게 포인트**예요. 바로 healthy죠. '겨우 healthy 하나 가지고 뭐 이렇게 말이 많냐?' 싶을 수 있지만, 이런 형용사 10개만 익혀도 영어 말하기 속도는 빨라지고 문장을 만드는 부담은 훨씬 줄어들어요. 예를 들어, 스무디에 인공 감미료가 안 들어 있어서 건강에 좋다면 이렇게 말해요. This smoothie is healthy because it has no artificial sweeteners. (이 스무디는 인공 감미료가 없어서 건강에 좋아요.) 참고로 반대말은 unhealthy예요. 형용사를 하나씩 모아두다 보면, 어느새 영어식 사고가 더 자연스러워지는 게 느껴질 거예요. 작은 단어 하나가 생각보다 꽤 healthy한 역할을 해주거든요!

● Think in English

"Healthy" means something is good for your body. When we describe food as healthy, we usually mean **it has lots of vitamins, minerals, and other nutrients**. Unhealthy food is the opposite; it often has too much sugar, fat, or is highly processed.

healthy는 몸에 좋다는 뜻이에요. 보통 **비타민, 미네랄 등 영양소가 풍부한** 음식을 healthy로 설명해요. unhealthy food는 그 반대예요. 설탕이나 지방이 너무 많거나 지나치게 가공된 음식을 말해요.

● 짧은 문장 □

1   Those protein shakes actually aren't very **healthy**.
2   The new 24-hour store only sells **healthy** food.

1   그 단백질 셰이크들, 사실 그렇게 몸에 좋진 않아요.
2   새로 생긴 24시간 매장은 건강식만 팔아요.

● 짧은 대화 □

A   What did you bring for lunch today?
B   A **healthy** salad, some fruit, and a bottle of water.

A   오늘 점심은 뭐 싸 왔어?
B   건강에 좋은 샐러드랑 과일 조금, 그리고 생수 한 병.

● 짧은 상황 □

> I don't have time to go grocery shopping these days, so
> I started ordering meal kits from a store that specializes in them.
> It's expensive, but the meals are supposed to be **healthy**.
> It's better than ordering delivery food from a restaurant.

요즘 장 볼 시간이 없어서 밀키트 전문점에서 주문해 먹고 있다. 좀 비싸긴 하지만, 건강에 좋은 편이라고 한다. 식당에서 배달 음식 시켜 먹는 것보다는 나은 것 같다.

● 한번 해볼까요? ☐

A 두유가 건강에 좋을까?
   _____

B 그런 것 같아. 몸에 꽤 좋다고 알고 있어.
   I think so. It's supposed to be pretty good for you.

Ans Is soy milk healthy?

점심시간에 상사와 마주 앉아 있었던 당신.
식사를 떠올리며 말하길

LECTURES
71-75

우리는 점심 먹으면서
연봉 인상에 관해 얘기했어요.

이 말, 영어로 뭐라고 할까요?

● Teacher Joe's Tip

머릿속
언어 바꾸기

커피 마시면서 회의를 하거나, 저녁 먹으면서 이런저런 이야기를 나눌 때가 있죠. 바로 그 '~하면서'에 해당하는 전치사가 over예요.

over는 **식사나 음료를 하면서 동시에 다른 일을 할 때 쓰는** 전치사예요. 예를 들어, 점심 먹으면서 새 계약서를 검토하자고 말하고 싶다면 이렇게 말해요.

Let's review the new contract over lunch.
(점심 먹으면서 새 계약서를 검토하자.)

영어식 사고로 보면 during이나 while과 비슷하지만, 〈over + 음식〉 구조로 쓰면 훨씬 간결하고 자연스러워요. 게다가 원어민들은 이 표현을 격식 없이 편한 상황에서 자주 써요. 전치사 하나로 이렇게 뉘앙스를 살릴 수 있다는 게 참 재밌지 않나요? 이런 작은 표현들이 영어식 사고로 가는 가장 빠른 지름길이에요.

● Think in English

The word "over" can mean "while doing" something else. We often use it to describe **conversations or events that happen while having a meal or drinks together**. Using "over" this way sounds natural and friendly in everyday English.

over는 무언가를 하는 '도중(while doing)'이라는 의미가 있어요. **식사나 커피, 술 등을 함께 하면서 오가는 대화나 일어나는 일**을 표현할 때 자주 써요. 이렇게 over를 쓰면 일상 영어에서 자연스럽고 친근하게 들려요.

● 짧은 문장 □

1   She told me about her wedding **over** brunch.
2   Why don't we decide what to do today **over** coffee?

1   그녀는 브런치를 먹으면서 결혼식 얘기를 했다.
2   커피 마시면서 오늘 뭐 할지 정해볼까?

● 짧은 대화 □

A   We still need to decide where we are going for the long holiday.
B   Can we talk about it **over** dinner?

A   연휴에 어디 갈지 정해야 하잖아.
B   저녁 먹으면서 얘기할까?

● 짧은 상황 □

I met with my former coworker and former boss today. It had been a long time since I last saw them, so we talked for hours **over** drinks. We ate Korean barbecue, laughed, and shared so many stories about our lives.

오늘 예전에 같이 일했던 동료와 상사를 만났다. 마지막으로 본 지 오래돼서, 술 한잔 하며 몇 시간 동안 얘기했다. 고기 먹고, 웃고, 서로 이런저런 사는 얘기도 많이 나눴다.

● 한번 해볼까요?

A 오늘 오후에 Mark랑 뭐 했어?
What did you do with Mark this afternoon?

B 점심 먹으면서 연봉 인상에 관해 얘기했어.

Ans We talked about my raise over lunch.

73

그냥 타고난 거 같아.

동료가 당신의 프레젠테이션 실력을 칭찬합니다.
장난스럽게 웃으며 말하길

LECTURES 71-75

이 말, 영어로 뭐라고 할까요?

● **Teacher Joe's Tip**

머릿속 언어 바꾸기

우리는 기본 동사를 너무 좁게 이해하는 경우가 많아요. 예를 들어 come은 보통 사람이 '오다', '가다' 할 때만 쓰는 줄 알죠. 하지만 원어민 대화를 들어보면, 사람뿐 아니라 **행동이나 기술도 come할 수 있다**는 걸 알 수 있어요. 예를 들어, 발표를 너무 잘하는 친구가 있다면 이렇게 말해요. Public speaking just comes naturally to her. (발표는 그 친구한테 그냥 자연스럽게 나와요.) 즉, 말하기 능력이 타고난 것처럼 자연스럽다는 뜻이죠. 여기서 포인트는 naturally와 함께 써야 이 뉘앙스가 완성된다는 거예요. 영어식 사고를 익히려면 '이미 안다고 생각한 단어'를 다시 보는 연습이 필요해요. 그 안에 놓친 뜻이 있다면 바로 추가하고, 이렇게 의미를 살려주는 단어까지 함께 기억해 두면 훨씬 자연스러운 영어가 돼요.

● **Think in English**

The phrase "come naturally to someone" means something is easy or comfortable for a person. It often describes **skills or behaviors that feel instinctive or need little effort**. It's a natural way to say someone does something without trying too hard.

come naturally to someone이라는 표현은 어떤 일이 그 사람에게 쉽거나 편하다는 뜻이에요. **본능적으로 하게 되거나, 큰 노력 없이 할 수 있는 기술이나 행동**을 설명할 때 자주 써요. 누군가가 특별히 애쓰지 않아도 어떤 일을 잘한다고 자연스럽게 말할 수 있는 표현이에요.

입까지
연결하기

● 짧은 문장

1   Painting **comes naturally** to my brother.
2   Talking to strangers doesn't **come naturally** to me.

1   형은 그림 실력을 타고났어요.
2   난 처음 보는 사람과 대화하는 게 영 불편해.

● 짧은 대화

A   You're really good at woodcrafting.
B   Thanks, it has always **come naturally** to me.

A   너 목공 진짜 잘한다!
B   고마워. 원래 소질이 있는 편이야.

● 짧은 상황

I'm starting a new business, but I'm having trouble coming up with a name for it. I want to start selling earrings made out of clay, but there are already so many online stores with great names. Maybe I'll ask my friend because coming up with good business names **comes naturally** to her.

새로운 사업을 시작하려고 하는데, 이름 짓는 게 쉽지 않다. 점토로 만든 귀걸이를 판매해 보려고 하는데, 이미 멋진 이름을 가진 온라인 스토어들이 너무 많다. 사업 이름 잘 짓는 데 타고난 감각이 있는 친구가 있어서, 한번 물어보려고 한다.

● 한번 해볼까요?

A 우왜! 집이 이렇게 정리 잘 돼 있는 거 진짜 부럽다.
Wow! I love how everything in your house is so organized.

B 고마워. 그냥 타고난 것 같아.
Thanks. _____

Ans It just comes naturally to me.

아침, 현관에서 신발을 신는 가족을 붙잡습니다.
서둘러 가방을 메는 모습을 보며 잠깐 웃고는 말하길

너 출근하기 전에 잠깐 얘기 좀
하고 싶어서.

이 말, 영어로 뭐라고 할까요?

● **Teacher Joe's Tip**

머릿속 언어 바꾸기

한국어에는 존댓말이 있지만 영어에는 없다는 말을 들어봤나요? 반은 맞지만, 반은 틀린 얘기예요. 영어에는 대놓고 '높임말'은 없지만, 공손하고 정중하게 표현하는 방식은 분명히 존재하거든요. 그 대표적인 예가 바로 〈I just wanted to + 동사〉 패턴이에요. 예를 들어, 상대에게 이번 주말에 시간 되는지 물어보고 싶다면 이렇게 말해요.
I just wanted to ask if you're free this weekend.
(이번 주말에 시간 되는지 그냥 한번 여쭤보고 싶었어요.)
이 패턴의 핵심은 **직설적인 어감을 부드럽게 만들어준다**는 데 있어요. '묻는다' 대신 '그냥 한번 물어보고 싶었어' 같은 느낌을 주죠. 저도 원어민 팀원들과 일할 때 이 표현을 매일 써요. 정중하면서도 부담 없이 대화를 시작할 수 있거든요. 이제 영어로 말을 꺼낼 때는 "I just wanted to…"로 시작해 보세요. 훨씬 자연스럽고 세련된 첫마디가 될 거예요!

● **Think in English**

The phrase "I just wanted to…" is a polite way to explain why you're saying or doing something. People often use it to **make a request or situation feel less serious or pushy**. It's very common in everyday English to sound gentle and polite.

I just wanted to…라는 구절은 자신이 무언가를 말하거나 행동하는 이유를 공손하게 설명하는 표현이에요. 사람들은 이 표현을 자주 사용해서 **부탁이나 상황을 덜 심각하거나 강압적으로 느껴지게 만들어요**. 일상 영어에서 부드럽고 공손하게 들리기 위해 매우 흔히 쓰이는 표현이에요.

입까지
연결하기

● 짧은 문장 ☐

1   I just wanted to check if you've finished packing.
2   I just wanted to make sure our AC is working.

1   그냥 짐 다 쌌는지 한번 확인해 보려고.
2   그냥 우리 에어컨이 잘 작동하는지 보려고 했어.

● 짧은 대화 ☐

A   We're having a barbeque this weekend, so I just wanted to see if you can come.
B   That sounds like fun! What time does it start?

A   이번 주말에 바비큐 파티하거든. 혹시 올 수 있나 해서.
B   재밌겠다! 몇 시에 시작해?

● 짧은 상황 ☐

> I made my roommate upset today because I just wanted to try to fix our electricity problem. I tried turning the breaker on and off again. She kept telling me to stop and wait for the repairman.

전기에 문제가 있어서 한번 고쳐보려고 했던 건데, 그 일 때문에 룸메이트를 화나게 하고 말았다. 차단기를 다시 껐다가 켰다가 해봤다. 룸메이트는 수리기사가 올 때까지 가만히 있으라고 계속 말했었는데 말이다.

● 한번 해볼까요?

A 왜 문 근처에서 서성이고 있어?
   Why are you hovering by the door?

B 너 출근하기 전에 잠깐 얘기 좀 하고 싶어서.

Ans I just wanted to have a quick chat before you head to work.

75

점심시간, 카페 문을 열고 들어서자 빈자리가 하나도 보이지 않습니다.
주변을 둘러보며 가볍게 웃으며 말하길

LECTURES 71-75

역시나 이 카페에 자리가 하나도 없네.

이 말, 영어로 뭐라고 할까요?

● **Teacher Joe's Tip** ☐　　　　머릿속
　　　　　　　　　　　　　　　　언어 바꾸기

예상대로 일이 흘러갔을 때는 of course 대신 not surprisingly를 써보세요. 직역하면 '전혀 놀랍지 않게'이지만, 실제 뉘앙스는 **'역시나', '아니나 다를까'에 가까운 표현**이에요. 예를 들어, 응원하는 팀이 3연패 중인데 또 졌다면 이렇게 말할 수 있어요. Not surprisingly, my team lost again. (역시나 우리 팀이 또 졌어요.) 영어식으로 보면 predictably, obviously와 비슷한 느낌이죠. 결과가 뻔히 보였고, 예상대로 일이 벌어진 상황에 딱 맞는 표현이에요. 또한 not surprisingly는 빈정거릴 때도 자주 쓰여요. 늘 지각하는 동료가 오늘도 늦었다면 이렇게 말할 수 있어요. Not surprisingly, she was late again. (아니나 다를까, 그녀가 또 늦었어요.) 결국 '놀랍지 않게'보다는 '그럴 줄 알았다'로 기억해 두면 훨씬 자연스럽게 쓸 수 있어요. 듣자마자 고개가 절로 끄덕여지는 표현이죠.

● **Think in English** ☐

"Not surprisingly" is used when something happens just as you expected. **It can sound a bit sarcastic or dry** when talking about people's usual behavior. This phrase is softer and calmer than directly saying "of course."

not surprisingly는 어떤 일이 예상한 대로 일어났을 때 쓰는 표현이에요. 사람들의 평소 행동에 대해 말할 때는 약간 비꼬거나 무덤덤하게 들릴 수 있어요. of course라고 직접 말하는 것보다 더 부드럽고 차분한 표현이에요.

입까지
연결하기

● 짧은 문장 ☐

1 **Not surprisingly**, they chose the most expensive place to eat.
2 **Not surprisingly**, the subway was delayed by ten minutes again today.

1 예상대로 그들은 제일 비싼 식당을 골랐어.
2 역시나 오늘도 지하철이 10분 늦게 왔어.

● 짧은 대화 ☐

A Did you have a chance to talk to Luke today?
B Yes. **Not surprisingly**, he was late again this morning. We met after lunch.

A 오늘 Luke랑 얘기해 볼 기회 있었어?
B 응. 역시나 걔 오늘 아침에 또 늦었어. 점심 먹고 만났지.

● 짧은 상황 ☐

> I stayed up past midnight watching Netflix last night. **Not surprisingly**, I woke up later than I should. I really need to go to bed earlier.

어젯밤에 넷플릭스 보느라 자정이 넘어서 잤다. 역시나 오늘 아침에 늦게 일어났다.
이제 진짜 일찍 좀 자야겠다.

● 한번 해볼까요?

A 역시나 이 스타벅스도 자리가 하나도 없네.

_____

_____

B 그러면 그렇지, 주말이잖아.
Of course they are, it's the weekend.

Ans Not surprisingly, all of the tables at this Starbucks are taken.

출장 중 갑자기 일정이 변경되어 낯선 곳에 서 있는 당신. 한숨을 쉬며 말하길

LECTURES 76-80

이건 우리 계획에 없던 일이었어.

이 말, 영어로 뭐라고 할까요?

- **Teacher Joe's Tip** ☐

머릿속 언어 바꾸기

평소 영어로 말할 때 part라는 단어 자주 쓰나요? 쉬워 보이지만 막상 쓰려면 막막한 단어 중 하나예요. '부분'이라는 뜻은 알아도, 실제 대화에서 어떤 문맥에 써야 자연스러운지 감이 잘 안 오기 때문이죠. 원어민은 part를 **계획, 일상, 경험의 일부를 말할 때** 자주 써요. 예를 들어, 친구가 매일 아침 이메일 확인한다고 할 때 이렇게 말할 수 있어요.

Checking emails is just part of the morning routine.
(이메일 확인은 그냥 아침 루틴의 일부예요.) 여기서 포인트는, 영어에서는 '부분'을 말할 때 a part of보다 part of를 더 자주 쓴다는 거예요. 물론 퍼즐 조각처럼 '구성 요소 하나'를 강조할 땐 a part of를 쓰지만, 일상 회화에서는 대부분 포함의 의미인 part of something이 자연스러워요. 예상치 못한 상황에서는 이렇게도 쓸 수 있죠.
This wasn't part of our plan. (이건 우리 계획에 없던 일이에요.)
이런 식으로 익히면 part가 훨씬 더 친숙해질 거예요.

- **Think in English** ☐

The phrase "part of something" means something is included in a bigger whole. It **talks about one piece or element of something larger**. We use this phrase in many ways to show how things connect or belong together.

part of something이라는 구절은 어떤 것이 더 큰 전체에 포함되어 있다는 것을 의미해요. 그것은 **더 큰 무언가의 한 조각이나 요소에 대해 말해요.** 우리는 사물들이 어떻게 연결되거나 함께 속해 있는지를 보여주기 위해 이 구절을 여러 방식으로 사용해요.

입까지
연결하기

● 짧은 문장 ☐

1 That's **part** of the reason we decided to move.
2 I love meeting new people because it's **part** of getting to know other cultures.

1 그게 우리가 이사하기로 한 이유 중 하나잖아.
2 새로운 사람 만나는 걸 정말 좋아해요. 그게 서로 다른 문화를 알아가는 하나의 과정이니까요.

● 짧은 대화 ☐

A Why do you eat so much food in the morning?
B **Part** of the reason is to help me stay energetic all day. But mostly, it's because I'm hungry.

A 아침인데 왜 그렇게 많이 먹어?
B 하루 종일 에너지 있게 지내려고 먹는 것도 있고, 그보다도 그냥 배가 고파서 그래.

● 짧은 상황 ☐

I'm trying to slim down for the summer, but I didn't realize weight training was **part** of losing weight. So, I bought some dumbbells online last night. They should arrive tomorrow, and I can't wait to use them.

여름이 다가오니 살을 좀 빼보려고 하는데, 체중 감량을 하려면 근력 운동도 해야 한다는 걸 몰랐다. 그래서 어젯밤에 온라인으로 덤벨을 샀다. 내일 도착할 예정인데, 얼른 써보고 싶다!

● 한번 해볼까요?

A 왜 그렇게 화가 났어? 이 일 우리한테 정말 좋은 기회야.
Why are you so upset? This job is great for us.

B 나도 알지. 근데 일주일에 6일이나 일하게 될 줄은 몰랐어. 이건 우리 계획에 없던 일이잖아.

I know, but I didn't know I'd have to work six days a week.

Ans. This just wasn't part of our plan.

77

샌드위치가 이상해.

샌드위치를 한입 베어 물었는데, 안에서 작은 곰젤리 몇 개가 튀어나옵니다. 황당함에 웃으며 빵을 열어보며 말하길

LECTURES 76-80

이 말, 영어로 뭐라고 할까요?

● **Teacher Joe's Tip**

머릿속
언어 바꾸기

어딘가 문제가 생겼을 때, 제일 먼저 떠오르는 단어는 problem일 거예요. 하지만 원어민은 〈Something is wrong with…〉 패턴도 정말 자주 써요. **정확히 뭐가 문제인지는 모르겠지만, 평소와 다르고 이상한 느낌**이 들 때 쓰는 표현이죠. 예를 들어, 평소 잘 쓰던 책상 조명이 갑자기 안 켜진다면 이렇게 말해요. I think something's wrong with my desk lamp. It won't turn on.(내 책상 조명에 뭔가 이상이 있는 것 같아요. 불이 안 켜져요.) 이 표현은 사람, 신체 부위, 음식과도 잘 어울려요. Something's wrong with my son/my eye/my sandwich. (내 아들에게/내 눈에/내 샌드위치에 뭔가 이상이 있어요.)

여기서 핵심은 something이에요. '정확히 뭔지는 모르겠지만 이상하다'는 느낌을 담아내거든요. 이렇게 모호하게 말하는 게 오히려 구어체 영어에서는 더 자연스럽게 들릴 때도 있어요.

● **Think in English**

The phrase "Something's wrong with…" means there's a problem with something. We use it when something isn't right or working properly, but **we're not sure exactly what's wrong**. It's a polite, indirect way to say something doesn't work or isn't good.

Something's wrong with…는 무언가에 문제가 있다는 것을 의미해요. 우리는 뭔가 제대로 작동하지 않거나 옳지 않은데 **정확히 무엇이 문제인지 모를 때** 이 표현을 사용해요. 이 표현은 어떤 것이 작동하지 않거나 좋지 않다는 것을 정중하고 간접적으로 말하는 방법이에요.

입까지

연결하기

● 짧은 문장 □

1   **Something's wrong with** this suitcase. It won't close.
2   Could you drive me to work today? **Something's wrong with** my car.

1   이 여행 가방 뭔가 이상해. 닫히질 않아.
2   오늘 나 좀 회사에 태워다줄 수 있어? 내 차에 문제가 있는 것 같아.

● 짧은 대화 □

A   Is everything okay? You didn't reply to my text.
B   You texted me? **Something's wrong with** my phone because I didn't get anything.

A   무슨 일 있어? 문자에 답이 없길래.
B   문자 보냈어? 내 폰이 좀 이상한가 봐. 아무것도 안 왔어.

● 짧은 상황 □

Something's wrong with my wrist. Every time I pick something up, I feel a sharp pain. I think I will go to the hospital tomorrow to get it checked out.

손목이 좀 이상하다. 뭘 들기만 하면 찌르는 듯한 통증이 느껴진다. 내일 병원에 가서 진료 한번 받아봐야겠다.

- 한번 해볼까요?

A 샌드위치가 좀 이상해.

_____

B 먹지 매! 다른 거 사줄게.
   Don't eat it! We can get you something else.

Ans Something's wrong with my sandwich.

새로 문 연 식당에서 파스타를 한입 먹자마자 눈이 번쩍 뜨입니다.
포크를 내려놓으며 웃으며 말하길

매일 먹을 수도 있겠어요.

이 말, 영어로 뭐라고 할까요?

- **Teacher Joe's Tip**

머릿속
언어 바꾸기

could는 여러 뜻이 있지만, 그중 하나는 '가능성'이에요. 즉, '~할 수도 있어', '~할 수 있을 것 같아'라는 느낌이에요. 그런데 이런 could 뒤에 all day, every day, every weekend 같은 시간 표현이 붙으면 의미가 훨씬 더 풍성해져요. 예를 들어, 어떤 노래가 너무 좋아서 하루 종일 들어도 안 질릴 것 같다면 이렇게 말해요. I could listen to this song all day. (이 노래는 하루 종일 들어도 좋을 것 같아요.) 여기서 포인트는 could가 단순히 가능성을 말하는 게 아니라, **'정말 좋아한다'는 감정까지 담고 있다**는 점이에요. 예를 들어, I like sushi. (스시 좋아해요.)는 그냥 '좋아한다'는 사실을 말하는 거예요. 하지만 I could eat sushi every day. (스시를 매일 먹을 수도 있을 것 같아요.)라고 하면 '정말 좋아해서 질리지 않을 것 같다'는 마음까지 생생히 전해져요. 이처럼 이미 알고 있는 단어도 이렇게 조합을 바꾸면 감정을 훨씬 더 섬세하게 표현할 수 있어요. 결국 중요한 건 단어 자체보다 어떤 단어를 어떻게 묶어 쓰느냐예요.

- **Think in English**

In some situations, "could" shows a strong desire or positive feeling about doing something. We use it to **imagine doing something we really enjoy**. This is common when talking about food, music, or fun activities.

어떤 상황에서는 could가 무언가를 하고 싶다는 강한 바람이나 긍정적인 감정을 나타내요. **정말 좋아하는 일을 상상할 때** 써요. 음식이나 음악, 재미있는 활동에 대해 말할 때 자주 쓰이는 표현이에요.

입까지
연결하기

● 짧은 문장 ☐

1   I **could stay** here **for hours** reading books.
2   He **could drink** iced Americanos **every single day**, even in winter.

1   여기서 책 읽으며 몇 시간이고 있을 수 있겠어.
2   걔는 아이스 아메리카노를 정말 좋아해서, 겨울에도 매일 마실 수 있을 정도야.

● 짧은 대화 ☐

A   Your son looks like he's having so much fun.
B   I know! I think he **could play** here in the arcade **all day**.

A   아들이 정말 신나 보이네요.
B   그러게요! 하루 종일 여기 오락실에서 놀 수도 있을 것 같아요.

● 짧은 상황 ☐

I went camping over the weekend with my family. It was very relaxing and a nice break from work and the city. If I had the time, I **could go camping every weekend** because it helps me feel calm and refreshed.

주말에 가족들과 캠핑을 다녀왔다. 일에서 벗어나 도시를 떠나니 정말 여유롭고 편안했다. 시간만 있다면 매주 캠핑을 가고 싶을 만큼 마음이 고요해지고, 기분이 상쾌해졌다.

● 한번 해볼까요?

A 피자는 어땠어요?
   How was your pizza?

B 진짜 맛있었어요! 매일 먹을 수도 있겠어요.
   It was amazing! _____

Ans | I could eat that every day.

나는 오후 5시에 일을 마쳐.

이 말, 영어로 뭐라고 할까요?

● **Teacher Joe's Tip** ☐

머릿속
언어 바꾸기

'끝나다' 하면 떠오르는 대표 단어는 done, finish, complete 죠. 여기에 하나 더, through도 추가해 보세요. through는 보통 '~을 통과해서'라고 배우지만, 사실 그 안에는 **'처음부터 끝까지 전부 다 거친 상태'**라는 뉘앙스가 있어요. 그래서 be through with something이라고 하면 그 일이나 상황이 완전히 끝난 상태를 뜻해요. 예를 들어, 아침을 다 먹고 나서 가게에 갈 거라면 이렇게 말해요. After I'm through eating breakfast, I'll go to the store. (아침 다 먹고 나서 가게에 갈 거예요.) 사람에게 쓰면 뉘앙스가 더 확실해져요. I'm through with him. (그 사람과는 이제 완전히 끝이에요.) 단순히 '끝났다'가 아니라 '더 이상 엮일 일 없다'는 감정까지 전해지죠. 짧지만 상황과 감정을 정확히 담을 수 있는 through, 이제부터 한 번씩 써보는 건 어때요?

● **Think in English** ☐

When we say we're "through" with something, it means we are completely finished. It can mean **finishing a task or being done working for a while**. People often use this phrase in casual conversation to show they are done.

우리가 어떤 것에 대해 through라고 말할 때는 그것을 완전히 끝냈다는 것을 의미해요. 그것은 **과제를 끝냈다는 것이나 한동안 하던 일을 마쳤다**는 의미일 수 있어요. 사람들이 자신이 끝냈다는 것을 보여주기 위해 일상 대화에서 이 표현을 자주 사용해요.

입까지

연결하기

● 짧은 문장 ☐

1　My friend says she's **through** with dating apps.
2　Once you're **through** with your homework, you can watch TV.

1　친구는 이제 데이팅 앱 그만 쓴대.
2　숙제 다 하면 TV 봐도 돼.

● 짧은 대화 ☐

A　Are you **through** with the movie yet?
B　No, I'm not. I still have half an hour left of it to watch.

A　영화는 다 봤어?
B　아니. 아직 30분 정도 남았어.

● 짧은 상황 ☐

It's springtime, so I spent my weekend cleaning my apartment. I mopped the floors, vacuumed, and even threw out some things I no longer needed. Thankfully, I was **through** with all the cleaning by Sunday afternoon, so I was able to rest a little.

봄이 와서 주말 내내 아파트 청소를 했다. 바닥 닦고, 청소기 돌리고, 더 이상 필요 없는 물건들까지 싹 비웠다. 다행히 일요일 오후까지 청소를 끝내서 조금 쉴 수 있었다.

● 한번 해볼까요?

A 너 내일 언제 시간 돼?
When are you free tomorrow?

B 오후 5시에 일을 마쳐. 6시쯤 만나자.
_____
We can meet up around 6.

Ans I'm through with work at 5 p.m.

산책 중에 길가에 방금 전 강아지가 놓고 간 흔적을 발견합니다.
주인을 향해 눈치를 보며 말하길

개 뒤처리를 안 하셨네요.

이 말, 영어로 뭐라고 할까요?

- **Teacher Joe's Tip**

머릿속
언어 바꾸기

영어권 나라에 가면 공원이나 거리에서 이런 문구를 자주 볼 수 있어요. Clean up after your pet. 바로 '개가 싸놓은 걸 치우세요', 즉 뒤처리를 하라는 말이었어요. 여기서 핵심은 clean up after예요. 단순히 '청소하다'가 아니라, 누군가가 어질러 놓은 걸 대신 치워주는 상황에 쓰는 표현이에요. 반려동물뿐 아니라 사람에게도 자주 써요. 예를 들어, 아이들이 쿠키를 굽고 주방을 엉망으로 만들었다면 이렇게 말할 수 있어요. Remember to clean up after yourself when you're done baking those cookies. (쿠키 다 굽고 나면 네가 어질러 놓은 건 스스로 치워야 해.) 여기서 after는 '~한 뒤에'가 아니라 **'그 사람이 남긴 흔적을 따라가며 치운다'는 개념**이에요. 부모와 자녀, 룸메이트, 회사에서도 자주 쓰이는 실용 표현이죠. clean up만 아는 것과 clean up after까지 아는 건 꽤 큰 차이예요. 이제 이 표현도 표현 리스트에 추가해 보세요!

- **Think in English**

The phrase "clean up after" means **to tidy a mess made by you or someone else**. People often say this when talking about picking up dog poop or putting away toys. It sounds polite and less direct than naming the exact mess.

clean up after는 자신이나 다른 사람이 어지른 것을 정리한다는 것을 의미해요. 사람들은 강아지 배변을 치우거나 장난감을 치우는 것에 대해 말할 때 이 표현을 자주 사용해요. 정확히 어떤 어질러진 것을 말하는 것보다 공손하고 덜 직접적으로 들려요.

입까지
연결하기

● 짧은 문장 ☐

1   I had to **clean up after** my kids because they made me breakfast.
2   The janitor has to **clean up after** the students as soon as they leave.

1   아이들이 아침을 만들어줘서, 뒷정리는 내가 하게 됐다.
2   학생들이 나가면 바로 관리인이 뒷정리를 해야 한다.

● 짧은 대화 ☐

A   Do we need to **clean up after** ourselves before we leave the airbnb?
B   Yes, you do, but you only need to take out your trash.

A   에어비앤비 나가기 전에 우리가 뒷정리해야 해?
B   응, 해야 해. 근데 쓰레기만 버리면 돼.

● 짧은 상황 ☐

My cousins came over for a visit last weekend. They're five and ten years old, so they love playing with toys. I had to **clean up after** them because they left toys and food everywhere!

지난 주말에 사촌들이 놀러 왔다. 다섯 살이랑 열 살이라 장난감 가지고 노는 걸 정말 좋아한다. 장난감이랑 먹을 걸 여기저기 흘려놔서 결국 내가 다 치워야 했다.

● 한번 해볼까요?

A 개 뒤처리를 안 하셨네요.

B 당신이 신경 쓸 일이 아닌 것 같은데요?
I don't think that's any of your business.

Ans You didn't clean up after your dog.

의기소침한 팀원들 앞에서 허리를 쭉 펴며 슈퍼히어로 포즈를 취하며

LECTURES 81-85

이 프로젝트가 성공하도록 최선을 다할게.

이 말, 영어로 뭐라고 할까요?

● Teacher Joe's Tip □

머릿속
언어 바꾸기

영어로 '최선을 다하다'라고 할 때 대부분 do/try my best만 쓰죠. 틀린 건 아니에요. 그런데 원어민과 대화하다 보면 문득 이런 생각이 들 때가 있어요. '어? 같은 의미인데 왜 저런 표현을 쓰지?' 그중 하나가 바로 do everything I can이에요. 직역하면 '할 수 있는 모든 것을 하다'인데, 듣자마자 확 와닿지 않나요? 뭔가 **더 구체적이고, 정말 발 벗고 나서는 느낌**이에요. 예를 들어, 부모로서 아이들이 더 나은 삶을 살길 바라며 애쓰고 있다면 이렇게 말할 수 있어요. I'm doing everything I can to make sure my kids have a good life. (아이들이 좋은 삶을 살 수 있도록 제가 할 수 있는 모든 걸 하고 있어요.) 이 표현을 처음 들으면 뭔가 마음가짐이 더 단단해지는 기분이 들어요. do my best가 막연히 '열심히 할게요'라면, do everything I can은 '할 수 있는 건 다 한다!'는 느낌이 확 살아있죠. 사실 이런 표현을 열 개씩 외울 필요는 없어요. 이렇게 두세 개만 확실히 익혀두면, 대화에서 "어, 표현이 풍부하네?"라는 말을 듣게 될 거예요.

● Think in English □

The phrase "do everything I can" means you will try your hardest to make something work. It shows **strong determination and that you won't give up**. It sounds more confident and hopeful than just saying, "I'll try."

do everything I can이라는 표현은 무언가를 해내기 위해 당신이 할 수 있는 모든 것을 하겠다는 것을 의미해요. 그것은 **강한 결심과 포기하지 않겠다는 의지**를 보여줘요. 그것은 단순히 I'll try(해볼게)라고 말하는 것보다 더 자신 있고 희망적으로 들려요.

● 짧은 문장 □

1   I'm **doing everything I can** to get your money back.
2   The construction workers are **doing everything they can** to complete the building on time.

1   네 돈 돌려받으려고 내가 할 수 있는 건 다 하고 있어.
2   건설 인부들이 건물을 제시간에 완공하기 위해 최선을 다하고 있어요.

● 짧은 대화 □

A   My driver's license test is in two days and I'm not ready!
B   Don't worry, I'll **do everything I can** to help you prepare.

A   나 이틀 뒤에 운전면허 시험인데 아직 준비가 안 됐어!
B   걱정하지 마. 네가 준비 잘할 수 있게 내가 최선을 다해 도와줄게.

● 짧은 상황 □

Last weekend, I volunteered at a charity event to raise money for cancer. I **did everything I could** to make sure the event went smoothly. I had to collect all of the money, write down donors' names, and then clean up afterward.

지난 주말에 암 기금 마련을 위한 자선 행사에서 자원봉사를 했다. 행사가 원활하게 진행되도록 정말 최선을 다했다. 모금된 돈을 걷고, 기부자 이름을 적고, 끝나고 나서 뒷정리까지 도맡았다.

- **한번 해볼까요?**

A 이 일은 맡길게, 우리 다 너만 믿고 있어.
We're counting on you to get this done.

B 이 프로젝트가 성공하도록 최선을 다할게.

Ans I'll do everything I can to make this project a success.

82

퇴근길 지하철에서 본 영상이 직장인의 고충을 그대로 담고 있습니다.
휴대폰을 친구에게 보여주며 웃으며 말하길

Learn fast with YouTube

LECTURES 81-85

그 영상 진짜 공감돼.

이 말, 영어로 뭐라고 할까요?

● **Teacher Joe's Tip**

머릿속
언어 바꾸기

relate의 대표 의미는 '이해하다, 연결되다, 관련되다'예요. 이 세 가지 뜻을 하나로 묶으면 어떤 감정이 떠오르나요? 바로 '공감하다'예요. 공감은 **상대를 이해하고, 연결되고, 나와 관련지을 때 생기는 감정** 이니까요. 여기에 -able을 붙이면 relatable이 되고, 즉 '공감할 수 있는'이란 뜻의 형용사가 완성돼요. SNS에서 공감 가는 콘텐츠를 볼 때 자주 보이는 표현이죠. 예를 들어, 친구에게 이 책이 공감될 수도 있으니 읽어보라고 권한다면 이렇게 말해요. You should read this book because you might find the stories relatable. (이 책 읽어봐, 이야기들이 공감될 수도 있어.) 밈, 영상, 기사 등 뭔가 내 얘기 같고 마음에 와닿을 때 relatable을 써보세요. 형용사 하나만으로도 '공감된다'는 감정이 충분히 전해져요.

● **Think in English**

"Relatable" means something feels familiar or easy to connect with. We use it for things similar to experiences we've had. It's a simple way to say **you understand or connect with a story or situation**.

relatable은 어떤 것이 익숙하게 느껴지거나 쉽게 공감된다는 뜻이에요. 우리가 직접 겪어본 경험과 비슷한 상황이나 이야기에 관해 말할 때 쓸 수 있어요. **어떤 이야기나 상황에 공감하거나 이해한다**는 걸 간단하게 표현하는 말이에요.

입까지
연결하기

● 짧은 문장 ☐

1   That celebrity is popular because she's so **relatable**.
2   My friend's post about being tired on Mondays is so **relatable**.

1   그 유명인은 사람들이 공감할 만한 부분이 많아서 인기가 있어요.
2   월요일마다 피곤하다고 친구가 올린 글, 진짜 공감돼.

● 짧은 대화 ☐

A   Did the Ted Talk video help you?
B   Yes, it was really **relatable**.

A   그 Ted Talk 영상 도움 됐어?
B   응, 정말 공감이 많이 됐어.

● 짧은 상황 ☐

> I have been struggling to sleep these days, so a friend of mine sent me an article he thought might help. I found it really **relatable** and didn't know other people had the same problem. It also had some helpful tips I'm going to try out.

요즘 잠을 잘 못 자서 애를 먹고 있었는데, 친구가 도움이 될 것 같다며 기사를 하나 보내줬다. 읽어보니 정말 공감됐고, 나 말고도 같은 문제를 겪는 사람들이 있다는 걸 처음 알게 됐다. 기사에 도움이 될 만한 팁들도 있어서 한번 시도해 보려고 한다.

● 한번 해볼까요? ☐

A   그 영상 진짜 공감돼.
    _____

B   나도! 우리 모두 저런 상황 한 번쯤은 겪어봤잖아.
    I know! I think we've all been in situations like that.

Ans That video is so relatable.

83
전부 가격이 같나요?

빈티지숍에서 맘에 드는 셔츠와 재킷을 골라 들고 있던 당신.
가격표가 안 보여서 직원에게 묻습니다.

LECTURES 81-85

이 말, 영어로 뭐라고 할까요?

● Teacher Joe's Tip ☐

머릿속 언어 바꾸기

가격을 이야기할 때 가장 자주 쓰는 동사가 바로 pay와 cost예요. 그런데 cost는 잘 안 쓰는 경우가 많아요. 왜 그럴까요? 이유는 간단해요. 두 동사는 주어가 다르기 때문이에요. pay는 돈을 내는 사람을 주어로 써요. 즉, 돈을 내는 '행위'에 초점을 맞출 때 쓰는 거예요.
I paid about $1,000 for my new laptop.
(나는 새 노트북에 약 1,000달러를 냈어요.) 반면에 cost는
제품이나 서비스를 주어로 쓰죠.
즉, 얼마가 드는지 '가격 자체'를 말할 때 쓰는 거예요.
My new laptop cost about $1,000. (내 새 노트북은 약 1,000달러였어요.) 같은 상황이라도 초점을 사람에 둘지, 가격에 둘지에 따라 동사가 달라지는 거예요. 결국 영어식 사고의 핵심은 바로 '무엇을 주어로 세우느냐'에서 시작된다는 점이에요. 주어가 바뀌면 시선이 바뀌고, 그 시선이 문장을 결정하는 거죠.

● Think in English ☐

We use "pay" and "cost" differently. "Pay" focuses on the person spending money: I paid $10 for this shirt. "Cost" **focuses on the price itself**: This shirt cost $10. Native speakers prefer "cost" because it's shorter and more direct than saying "the price is." Use "pay" for the payer, and "cost" for the price.

우리는 pay와 cost를 다르게 사용해요. pay는 돈을 쓰는 사람에 초점을 맞춰요. I paid $10 for this shirt.(나는 이 셔츠에 10달러를 냈어요.)처럼요. cost는 **가격 자체에 초점을 맞춰요**. This shirt cost $10.(이 셔츠는 10달러였어요.) 식으로요. 원어민들은 the price is라고 말하는 것보다 더 짧고 직접적인 표현인 cost를 선호해요. 돈을 내는 사람에는 pay를, 가격에는 cost를 쓰세요.

입까지
연결하기

● 짧은 문장 ☐

1   Front row tickets **cost** $200.
2   How much do those sunglasses **cost**?

1   앞줄 티켓은 200달러예요.
2   저 선글라스는 얼마예요?

● 짧은 대화 ☐

A   That's a nice suitcase. How much did it cost?
B   It **cost** around $300, but I think it was worth it.

A   가방 예쁘다. 얼마 주고 샀어?
B   300달러 정도였는데, 그만한 값어치는 했던 것 같아.

● 짧은 상황 ☐

I went to the supermarket today to buy ingredients for breakfast tomorrow, such as fruit and eggs. It **cost** me $50 for everything. I wish prices weren't so high these days.

내일 아침에 먹을 과일이랑 달걀 같은 식재료를 사러 오늘 마트에 갔다. 전부 합쳐 50달러나 나왔다. 요즘 물가가 좀만 덜 비쌌으면 좋겠다.

- **한번 해볼까요?**

A 전부 가격이 같나요?

Ans Do they all cost the same?

B 아뇨. 이건 만 원이고, 저건 만 오천 원이에요.
No. These are 10,000 won, and those are 15,000.

오랜만에 방 청소를 하던 중, 서랍 깊숙한 곳에서 예전에 친구랑 찍은 사진을 발견했습니다. 사진을 흔들어 보이며 한마디

LECTURES 81-85

뭘 좀 찾다가 이걸 발견했어.

이 말, 영어로 뭐라고 할까요?

머릿속
언어 바꾸기

● **Teacher Joe's Tip**

구동사 go through에는 '통과하다'라는 뜻 외에 '꼼꼼히 살펴보다'라는 의미도 있어요. 영어식 사고로 풀면 check something one by one이에요. 말 그대로 **하나하나 체크하고 차례차례 살펴보는 느낌**이죠. 예를 들어, 옷장을 정리하려고 하루 종일 뒤적였다면 이렇게 말해요. She spent all day going through her closet to organize her clothing. (그녀는 옷을 정리하려고 하루 종일 옷장을 살펴봤어요.)

또는, 갑자기 영수증 뭉치를 꺼내 하나씩 살펴보는 상황을 상상해 보세요. I was going through my receipts to see where all my money went. (돈이 다 어디로 갔는지 보려고 영수증을 뒤적였어요.)

이런 표현은 일상에서 꽤 유용해요. 책상 서랍을 뒤지든, 메일함을 확인하든, 심지어는 과거 연애 기록(?)을 정리할 때도 쓸 수 있죠. go through 하나로 이렇게 많은 상황을 담을 수 있다니, 괜히 '정리의 마법사'가 된 기분 아니에요?

● **Think in English**

"Go through" means to look at or check items one by one. We often say this when organizing, cleaning, or searching for something. It's a common way to talk about **sorting things carefully**.

go through는 무언가를 하나하나 살펴보거나 확인한다는 뜻이에요. 정리하거나 청소하거나, 무언가를 찾을 때 자주 쓰는 표현이에요. 특히 **무언가를 꼼꼼히 살펴보며 정리할 때** 자주 사용돼요.

입까지
연결하기

● 짧은 문장 □

1 I'll have to go through these boxes to find my missing necklace.
2 I had to go through my bag and take everything out to find my medicine.

1 잃어버린 목걸이를 찾으려면 이 상자들을 다 뒤져봐야겠다.
2 약을 찾으려고 가방을 다 뒤지고, 안에 있던 걸 몽땅 꺼낼 수밖에 없었다.

● 짧은 대화 □

A I really need to go through my email. I have too many messages.
B Me, too. I have so much spam.

A 진짜 이메일 정리 좀 해야겠어. 쌓인 메시지가 너무 많아.
B 나도 그래. 스팸 메일이 엄청 많아.

● 짧은 상황 □

I spent the entire afternoon today going through my desk drawers. There were just too many pieces of paper, pens, and things I no longer needed. After cleaning out and reorganizing each drawer, I felt really good.

오늘 오후 내내 책상 서랍을 정리하면서 보냈다. 종이며 펜, 안 쓰는 물건들도 한가득이었다. 모든 서랍을 싹 정리하고 나니 정말 기분이 좋았다.

● 한번 해볼까요? ☐

A 뭘 좀 찾다가 이걸 발견했어.
_____

B 그거 네 조부모님 사진이야? 와, 멋지다!
Is that a picture of your grandparents? How cool!

Ans I was going through some things, and I came across this.

85

잠깐 자리 좀 비켜줄래요?

이 말, 영어로 뭐라고 할까요?

● **Teacher Joe's Tip** ☐

머릿속 언어 바꾸기

have the room이라는 표현을 들어본 적 있나요?
직역하면 '방을 가지다'지만, 실제로는 '방을 비워 달라'는
완곡어법으로 자주 쓰여요. 예를 들어,
셋이 회의실에 있는데 두 명만 남아 이야기해야 하는
상황을 생각해 볼게요. 이럴 때 "나가줄래?"라고 하면
너무 직설적으로 들리죠. 그래서 원어민은 이렇게 말해요.
Can we have the room for a moment?(잠깐 우리끼리 방을 써도
될까요?) 이 표현은 요청을 직접적으로 하지 않고,
마치 **공간을 잠깐 '빌리는' 것처럼 돌려 말해 부드럽게 들리게 하는**
완곡어법이에요. 비슷하게 집에서 친구에게
잠깐 방을 쓰고 싶을 때도 이렇게 쓸 수 있어요. Do you
mind if I have the room for a bit?(잠깐 방을 나 혼자 쓸 수 있을까?)
이처럼 have the room은 공간을 부탁할 때 상대를
배려하면서도 자연스럽게 말할 수 있는 표현이에요.

● **Think in English** ☐

To "have the room" means you are alone in a room.
People use it to ask politely if they can be alone there or
to say they already are. It **sounds nicer than directly
telling others to leave**.

have the room이라는 표현은 방에 혼자 있다는 것을 의미해요. 사람들은 정중하게
그곳에서 혼자 있을 수 있는지 물어보거나 이미 혼자라는 것을 말할 때 이 표현을 사용해요.
누군가에게 **직접적으로 나가달라고 말하는 것보다 훨씬 부드럽고 공손하게 들려요**.

입까지
연결하기

● 짧은 문장 ☐

1   After the meeting, I **had the room** to myself to look at the proposal.
2   Do you mind if I **have the room** for about 30 minutes before my presentation?

1   회의 끝나고 나서 제안서를 혼자 조용히 살펴봤어요.
2   발표 전에 30분 정도 자리 좀 비켜주실 수 있나요?

● 짧은 대화 ☐

A   Do you mind if we **have the room**?
B   Sure, we'll leave and give you some privacy.

A   혹시 저희끼리 이 방을 좀 쓸 수 있을까요?
B   물론이죠. 저희가 나가 있을게요. 두 분 편하게 계세요.

● 짧은 상황 ☐

I needed to focus on my work today, but the room was noisy with people talking. I asked if I could **have the room** for a bit so I could concentrate. Everyone understood and stepped out for a while, which really helped me get my work done.

모든 일에 집중해야 했는데, 방안이 사람들이 떠드는 소리로 시끄러웠다. 그래서 내가 집중할 수 있도록 잠시 방을 비워줄 수 있냐고 물었다. 모두 이해해 주고 잠시 나가줬는데, 덕분에 일을 잘 마무리할 수 있었다.

● 한번 해볼까요? ☐

A 잠깐 자리 좀 비켜줄래요?
_____

B 네. 잠깐 나가 있을게요.
   Sure. I'll just step outside.

Ans Can we have the room for a moment?

친구가 영화 미술팀에서 일한다고 해서 놀러 갔는데, 세트장에 진짜 집 같은 거실이 꾸며져 있습니다. 소파에 앉아보며 감탄하며 한마디

이거 이케아 가구는 아니지?

LECTURES 86-90

이 말, 영어로 뭐라고 할까요?

머릿속
언어 바꾸기

● **Teacher Joe's Tip**

전치사를 잘 활용하면 복잡한 문장도 훨씬 간단하게 표현할 수 있어요. 그중에서도 특히 유용한 전치사 중 하나가 바로 from이에요. 예를 들어, 쿠키가 이탈리아에서 온 거라면 이렇게 말해요. These cookies are from Italy.(이 쿠키는 이탈리아산이에요.) 여기서 from은 '출처'나 '기원'을 나타내며, 이 쿠키가 **어디서 만들어졌고 어디에서 왔는지를 자연스럽게 보여줘요**. 영어식 사고로 보면 who made it 이나 where it was made에 해당하는 개념이죠. from은 동사와도 잘 어울려요. '~에서 샀다'라고 할 때는 get이나 buy와 함께 쓰이죠. 예를 들어, 파리의 작은 가게에서 재킷을 샀다면 이렇게 말해요. I got this jacket from a small shop in Paris. (이 재킷은 파리의 작은 가게에서 샀어요.) 이처럼 from 하나만 잘 써도 문장이 훨씬 간결해지고 자연스러워져요. 작은 전치사 하나가 이렇게 문장을 매끄럽게 만들어준다는 점이 참 인상적이죠?

● **Think in English**

"From" shows where something comes from or who made it. It's often used to talk about **where something was bought or produced**. Native speakers like using "from" because it's a simple and natural way to express origin.

from은 무언가가 어디에서 왔는지, 또는 누가 만들었는지를 나타내요. **어디서 샀는지나 어디에서 만들어졌는지** 말할 때 자주 쓰여요. 원어민들이 from을 좋아하는 이유는 출처를 간단하고 자연스럽게 표현할 수 있기 때문이에요.

입까지 연결하기

● 짧은 문장 ☐

1   Is your dress **from** Zara?
2   The coffee you bought **from** Café Bloom tastes too sweet.

1   그 원피스 자라에서 산 거야?
2   네가 카페 블룸에서 산 커피 너무 달더라.

● 짧은 대화 ☐

A   Where did you buy these new bowls **from**? They're beautiful!
B   I bought them **from** KitchenWay. They were on sale.

A   이 새 그릇들 어디서 샀어? 너무 예쁘다!
B   키친웨이에서 샀어. 세일하더라고.

● 짧은 상황 ☐

Today was my last day in Türkiye, so I wanted to buy myself a scarf as a souvenir. My sister-in-law told me how beautiful they are and that they are made out of silk, so I bought two **from** a small store. The lady who made them was so kind and even gave me some Turkish delights as a gift!

오늘이 튀르키예에서의 마지막 날이라 기념으로 스카프를 하나 사고 싶었다. 올케가 실크로 만들어졌고 정말 예쁘다고 해서 작은 가게에서 두 장 샀다. 스카프를 직접 만든 아주머니가 정말 친절하셨고, 터키 과자도 선물로 주셨다!

- 한번 해볼까요? ☐

A   이거 아케이 가구는 아니지?
   _____

B   아닌 것 같아. 왜?
   I don't think so. Why?

Ans This isn't from IKEA, is it?

87

주말에 친구 집에 놀러 갔는데, TV 화면에 화려한 경주 장면이 나옵니다. 채널을 돌린 줄 알았는데 넷플릭스 화면이더군요. 놀라며 한마디

LECTURES 86-90

넷플릭스에서 F1 경기 같은 것도 보여주나?

이 말, 영어로 뭐라고 할까요?

머릿속
언어 바꾸기

● **Teacher Joe's Tip**

요즘은 스트리밍 서비스 없이 사는 게 상상도 안 되죠. 그러다 보니 자연스럽게 "이거 넷플릭스에 나와?" 같은 대화를 자주 하게 돼요. 이럴 때 필요한 동사가 바로 show예요. 보통 show는 '보여주다'라고 배우지만, 영어에서 이 단어는 **TV 프로그램이나 영화를 공식적으로 '틀어주다, 방영하다'라는 뜻**으로도 자주 쓰여요. 예를 들어, 영화관에서 마블 신작을 상영하는지 궁금하다면 이렇게 물을 수 있어요.
Do you think the movie theater will show the newest Marvel movie? (영화관에서 마블 신작을 상영할 것 같아요?) 이처럼 show는 넷플릭스, 유튜브, 영화관 등에서 콘텐츠를 상영하거나 제공할 때 쓰는 가장 간단한 표현이에요. 물론 stream이나 broadcast 같은 단어도 있지만, show는 쉽고 일상 회화에 자연스럽게 어울려요. 복잡한 단어 대신 이렇게 간단한 표현을 쓰면 대화가 훨씬 편해지죠.

● **Think in English**

The verb "show" can mean to **broadcast or stream a TV show, movie, or sports game**. It's used a lot because it's simple and more casual than "broadcast." You can use it when talking about streaming services, movie theaters, or TV channels.

동사 show는 TV 프로그램, 영화, 스포츠 경기를 방송하거나 스트리밍한다는 뜻도 있어요. broadcast보다 더 간단하고 캐주얼해서 많이 사용돼요. 스트리밍 서비스, 영화관, 또는 TV 채널에 대해 말할 때 사용할 수 있어요.

입까지
연결하기

● 짧은 문장 ☐

1   Did you hear that Coupang Play is **showing** NBA games?
2   Is the movie channel **showing** all the *Harry Potter* movies again this weekend?

1   쿠팡 플레이에서 NBA 경기 중계한다는 거 들었어?
2   이번 주말에 영화 채널에서 해리포터 전편 다시 해줄까?

● 짧은 대화 ☐

A   Are they going to **show** the movie in theaters or just online?
B   I heard they're only going to **show** it on Disney⁺.

A   영화 극장에서 상영해? 아니면 온라인에서만 볼 수 있나?
B   디즈니플러스에서만 공개한다고 들었어.

● 짧은 상황 ☐

I wanted to go to the baseball game between the Dodgers and the Yankees last weekend, but the tickets were all sold out. Luckily, it was also **shown** on TV. It was actually nice watching the game from my couch with some snacks.

지난 주말에 다저스랑 양키스 경기를 보러 가고 싶었는데, 표가 다 매진이었다. 다행히 TV에서도 중계해 줬다. 소파에 앉아 간식 먹으면서 보는 것도 생각보다 괜찮았다.

● 한번 해볼까요?

A 넷플릭스에서 F1 경기 같은 것도 보여주나?

B 경기는 아니고, 요즘 인기 있는 F1 다큐멘터리가 있어.
Not the races, but they have a popular F1 documentary out now.

Ans Is Netflix showing F1 races or something?

스포츠에 관심 없어.

이 말, 영어로 뭐라고 할까요?

● **Teacher Joe's Tip**

머릿속 언어 바꾸기

SNS에서 자주 쓰는 동사 follow는 이제 너무 익숙하죠. 하지만 단순히 '따르다'라고만 알고 있다면 이 단어의 진짜 느낌을 놓치기 쉬워요. follow는 **'계속해서 관심을 갖고 지켜보다'**라는 뜻이에요. 예를 들어, 스포츠에 관심이 없다고 말할 땐 이렇게 표현해요.

I don't follow sports. (나는 스포츠를 챙겨보지 않아요.)
반대로 좋아하는 축구팀 소식을 꾸준히 챙긴다면 이렇게 말할 수 있어요. I follow sports news to get information about my favorite soccer team.
(좋아하는 축구팀 소식을 보려고 스포츠 뉴스를 챙겨봐요.)
이제 SNS에서 '팔로우하다'는 표현이 왜 쓰이는지 더 명확해지지 않나요? follow는 단순히 '따른다'가 아니라 '지속적인 관심'을 담고 있다는 걸 꼭 기억해 두세요!

● **Think in English**

The verb "follow" means to watch or pay attention to something regularly. When you follow something, **you stay interested and updated**. People often use it for sports, celebrities, trends, or news.

동사 follow는 어떤 것을 꾸준히 지켜보거나 주의를 기울인다는 뜻이에요. 무언가를 follow한다는 것은 **계속 관심을 가지고 소식을 챙긴다**는 거예요. 스포츠, 연예인, 유행, 뉴스 같은 주제에서 자주 쓰여요.

입까지

연결하기

● 짧은 문장 ☐

1 I don't really **follow** celebrity gossip.
2 She likes to **follow** the latest fashion trends.

1 연예인 가십에는 별로 관심 없어요.
2 그녀는 최신 패션 트렌드에 관심이 많아요.

● 짧은 대화 ☐

A Do you **follow** the stock market?
B I sometimes do. I like to know when it's a good time to buy.

A 주식 시장을 관심 있게 지켜보는 편이에요?
B 가끔 봐요. 언제가 사기 좋은 시점인지 알아두면 좋잖아요.

● 짧은 상황 ☐

> I don't really **follow** food trends, but there's a new kind of dessert at my local café. They started selling cheesecake shaped like a piece of cheese. I tried it today, and it was actually really delicious!

먹거리 유행에는 딱히 관심 없는 편인데, 우리 동네 카페에 신기한 디저트가 새로 나왔다. 치즈 모양으로 만든 치즈 케이크를 팔기 시작했다. 오늘 먹어봤는데, 진짜 맛있었다!

- 한번 해볼까요? ☐

A 어젯밤에 경기 봤어?
A Did you watch the game last night?
B 아니, 스포츠에는 관심 없어.
B No. _____

Ans I don't follow sports.

89

힘든 일을 겪은 친구를 만났는데, 뭐라고 위로해야 할지 몰라서 대화 전까지 머릿속으로 계속 고민하다가 말문을 엽니다

LECTURES 86-90

무슨 말을 해야 할지 한참 고민했어.

이 말, 영어로 뭐라고 할까요?

● **Teacher Joe's Tip**

머릿속
언어 바꾸기

think와 think hard는 어떤 차이가 있을까요? 먼저 우리말로 바꿔보면 쉽게 감이 와요. '생각하다'와 '머리를 싸매고 깊이 생각하다'의 차이예요. 이때 차이를 만들어 주는 건 hard입니다. 여기서 hard는 '세게'라는 뜻이 아니라 carefully, seriously, 즉 '신중히', '깊이'라는 의미예요. 그래서 think hard는 **단순히 떠올리는 수준이 아니라, 고민하고 또 고민하는 상태**를 표현할 때 쓰여요. 예를 들어, 이직 제안을 받고 깊이 고민한 상황이라면 이렇게 말해요. I had to think hard before accepting the job offer. (그 일자리 제안을 받아들이기 전에 깊이 고민해야 했어요.) 이처럼 think hard는 감정과 고민이 실린 표현이에요. 비슷한 표현으로 think twice도 있어요. 직역하면 '두 번 생각하다'지만 실제로는 '신중하게 다시 생각해 보다'라는 의미예요.

● **Think in English**

"Think hard" means to think carefully and for a long time about something. It shows **you're putting more effort into your decision than usual**. People also use it as advice to warn others to be careful before important choices.

think hard는 어떤 일에 대해 신중하게, 오랫동안 깊이 생각한다는 뜻이에요. **평소보다 더 고심해서 결정을 내리려는 걸** 나타내죠. 중요한 결정을 앞둔 사람에게 신중해지라고 조언할 때도 자주 쓰여요.

입까지
연결하기

● 짧은 문장 ☐

1   **Think hard** before you decide to leave your stable job.
2   He **thought hard** about what to get for his girlfriend's birthday.

1   안정적인 직장을 그만두기로 하기 전에 신중하게 생각해 보세요.
2   그는 여자 친구 생일 선물로 뭘 살지 정말 많이 고민했어요.

● 짧은 대화 ☐

A   I'm not sure if I should study abroad or go to school here.
B   That's a tough decision. You need to **think hard** about it.

A   유학을 갈지, 그냥 여기서 학교 다닐지 고민이야.
B   고민될 만하네. 천천히 잘 생각해 봐.

● 짧은 상황 ☐

The new Apple iPad came out today, so I went to the store to try out its new features. I want to buy it, but I also know I should **think hard** before spending so much money. I think I'll discuss it with my wife first.

오늘 애플에서 새 아이패드가 출시되어 매장에 가서 새로운 기능을 직접 써 봤다. 사고 싶긴 한데, 큰돈을 쓰기 전에 신중히 생각해 봐야 할 것 같다. 우선 아내랑 먼저 상의해 봐야겠다.

● 한번 해볼까요? ☐

A 오늘 회의 때 왜 아무 말도 안 했어요?
Why didn't you say something at the meeting today?

B 무슨 말을 해야 할지 한참 고민했는데, 딱히 떠오르지 않더라고요.
_____ but nothing came to mind.

Ans I thought hard about what to say,

동료가 업무에 완전 유용한 앱을 추천해줍니다.
기능을 써보고 감탄하며 동료에게

LECTURES 86-90

이 앱 무료로 쓸 수 있다는 게 맞아?

이 말, 영어로 뭐라고 할까요?

● Teacher Joe's Tip

머릿속
언어 바꾸기

누군가에게 들은 정보가 사실인지 확인하고 싶을 때는 〈Is it right that S+V?〉 패턴을 써보세요. 우리말로 하면 '~라는 말이 맞나요?' 또는 '~라는 게 사실인가요?' 정도의 뉘앙스예요. 예를 들어, 몇 번 본 적 있는 사람에게 예전에 런던에 살았는지 조심스럽게 물어본다면 이렇게 말할 수 있어요. Is it right that you used to live in London?(예전에 런던에 살았다는 게 맞나요?) 좀 더 친근하게 표현하고 싶다면 이렇게 바꿀 수 있어요. I heard you used to live in London, is that right?(예전에 런던에 살았다고 들었는데, 맞나요?) 또는 right 대신 true를 써서 이렇게 말해도 돼요. Is it true that you used to live in London?(예전에 런던에 살았다는 게 사실인가요?) 이런 표현은 상대방에게 정보를 확인하거나 확답을 구할 때 회화에서 정말 자주 쓰여요. 정중하면서도 자연스럽게 확인할 수 있는 표현이니 꼭 익혀두세요!

● Think in English

The phrase "Is it right that S + V?" is used to ask if something you heard or believe is true. It's a polite and casual way to check or confirm information. Native speakers often use it **to make sure they understood correctly**.

'Is it right that S + V?'는 들은 내용이나 믿고 있는 것이 사실인지 물어볼 때 쓰는 표현이에요. 공손하면서도 자연스럽게 정보를 확인하거나 사실인지 점검할 수 있어요. 원어민들은 **자신이 제대로 이해했는지 확인하고 싶을 때** 이 표현을 자주 써요.

입까지
연결하기

● 짧은 문장

1   **Is it right that** you're allergic to nuts?
2   **Is it right that** you wrote this book yourself?

1   견과류 알레르기 있는 거 맞아요?
2   이 책을 직접 쓰신 거 맞아요?

● 짧은 대화

A   Excuse me, **is it right that** this bank will be closed until next week?
B   Yes, that's right. The bank will be closed for renovations.

A   저기요, 이 은행이 다음 주까지 문 닫는 게 맞나요?
B   네, 맞아요. 리모델링 공사 중이라 다음 주까지 문 닫아요.

● 짧은 상황

I heard about a big sale at the mall. I wanted to be sure, so I asked my friend, "**Is it right that** all clothing will be at least 50% off?" She said yes, so now I'm excited to go shopping this weekend.

쇼핑몰에서 대대적인 세일을 한다는 소식을 들었다. 진짜인지 확인하고 싶어서 친구한테 "의류 전 품목이 최소 50% 할인한다는데, 맞아?"라고 물어봤다. 친구가 맞다고 해서 이번 주말에 쇼핑하러 가는 게 벌써 기대된다.

- 한번 해볼까요? ☐

A   이 앱 무료로 쓸 수 있다는 데, 맞아?

_____

B   맞아. 무료로 쓸 수는 있는데, 광고가 좀 나올 거야.
     That's right. You can use it for free, but there will be some ads.

Ans   Is it right that this app is free to use?

91

마트에서 산 냉동 고기를 해동해놓고 요리하다가 친구가
"이거 다 못 먹으면 다시 얼리면 되지 않아?"라고 묻습니다.
손사래 치며 한마디

LECTURES 91-95

다시 얼리면 상할 거야.

이 말, 영어로 뭐라고 할까요?

- **Teacher Joe's Tip** ☐

'음식이 상하다'를 영어로 어떻게 말할까요? 여러 표현이 있지만, 원어민이 일상에서 가장 자주 쓰는 건 go bad예요. 여기서 go는 become처럼 '상태 변화'를 의미하고, bad는 그 변화된 상태가 부정적임을 나타내죠. 그래서 **go bad는 '좋았던 음식이 나빠진 상태로 변하다', 즉 '상하다'라는 뜻**이 돼요. 예를 들어, 더운 날 남편이 치킨을 밤새 상온에 놔둬서 상했다면 이렇게 말할 수 있어요. My husband left the chicken out overnight, and it went bad. (남편이 치킨을 밤새 내놔서 상했어요.) 이 표현은 고기 말고 우유, 남은 음식(leftovers)과도 잘 어울려요. 물론 spoiled (상한)나 rotten (썩은) 같은 단어도 있지만, 조금 더 딱딱하게 들릴 수 있어요. 일상 회화에서는 go bad부터 익혀서 자연스럽게 쓰는 게 좋아요. 입에 붙을 때까지 몇 번 소리 내서 연습해 보세요. 의외로 금방 익숙해질 거예요!

머릿속
언어 바꾸기

- **Think in English** ☐

When food "goes bad," it means it has become spoiled or rotten. "Spoiled" sounds more formal, but **"goes bad" is more natural in daily conversation**. We use this phrase for food, drinks, or ingredients that are no longer good.

음식이 go bad했다고 하면, 상하거나 썩었다는 뜻이에요. spoiled는 좀 더 격식 있는 표현이고, **go bad는 일상 대화에서 훨씬 더 자연스럽게 쓰여요.** 더 이상 먹을 수 없게 된 음식, 음료, 재료 등에 두루 사용돼요.

| 입까지 |
| 연결하기 |

● 짧은 문장 ☐

1   You should finish the pizza before it **goes bad**.
2   I forgot to put the leftovers in the fridge, and now they have **gone bad**.

1   피자 상하기 전에 다 먹어야 해.
2   남은 음식을 냉장고에 넣는다는 걸 깜빡해서 지금 다 상해버렸어.

● 짧은 대화 ☐

A   Can I eat the fish we bought last week?
B   I think it **went bad**, so you shouldn't eat it.

A   지난주에 산 생선 먹어도 될까?
B   상한 것 같은데, 그냥 먹지 말자.

● 짧은 상황 ☐

> I made a strawberry pie today with strawberries I bought two days ago. It's better to eat them this way because they can **go bad** quickly. The pie is big, so I'm going to share some with my neighbors.

오늘은 이틀 전에 산 딸기로 딸기 파이를 구웠다. 딸기는 금방 상하니까 이렇게 먹는 것도 괜찮은 것 같다. 파이가 꽤 커서 이웃들과 나눠 먹으려고 한다.

- 한번 해볼까요?

A 이거 다시 얼리면 상할 거야.

B 아, 정말? 알려줘서 고마워.
Oh, really? Thank goodness you told me.

Ans You can't refreeze this. It'll go bad.

92

고깃집에서 식사 중, 갑자기 혼자 휴대폰 전면 카메라를 켜고 입을 벌리고 있는 당신을 본 동료가 "뭐하냐?"라고 묻습니다. 민망하게 웃으며

이 사이에 뭐 낀 거 없나 보려고.

이 말, 영어로 뭐라고 할까요?

● **Teacher Joe's Tip** ☐

머릿속
언어 바꾸기

have something on 기억하나요? '셔츠에 소스 묻었어'라는 뜻으로 배웠던 표현이죠. 이번에는 그와 비슷한 have something in 조합을 살펴볼게요. 전치사의 핵심 역할은 '두 명사 사이의 관계'를 만드는 거예요. 예를 들어, You have spinach in your teeth.를 보면 spinach(시금치)와 your teeth(이빨)를 in이 연결하고 있죠. 영어에서는 음식을 이빨 사이 공간 안에 있다고 보고 in을 쓰는 거예요. 비슷한 예로, 이 사이에 고춧가루가 꼈다면 이렇게 말할 수 있어요. You have a red pepper flake in your teeth. (이 사이에 고춧가루 꼈어.) 여기서 중요한 점은, 한국어의 '안'은 범위가 넓고 추상적이지만 **영어의 in은 더 물리적이고 구체적인 공간 개념을 강조**한다는 거예요. 그래서 우리말로는 보통 '이빨에 꼈다'라고 하지만, 영어에서는 더 직접적으로 '이빨 안에 있다(in)'라고 표현하는 거죠. 이 차이를 영어식 감각으로 익히면, 원어민이 쓰는 표현이 훨씬 더 자연스럽게 이해되고 내 영어로도 쉽게 가져올 수 있어요.

● **Think in English** ☐

The phrase "have something in my teeth" means **a small piece of food is stuck between your teeth**. You can use it to politely tell someone or ask if you have food stuck. It's very common, especially after eating and before talking or taking photos.

have something in my teeth라는 표현은 **이 사이에 음식물이 조금 껴 있다**는 뜻이에요. 누군가에게 정중하게 그것을 알려주거나, 내 이 사이에 낀 게 있는지 물어볼 때 쓸 수 있어요. 특히 식사 후, 대화를 하거나 사진을 찍기 전에 자주 쓰이는 표현이에요.

● 짧은 문장 ☐

1 I think you **have something in your teeth**.
2 I think I **have a popcorn kernel in my teeth**.

1 너 이 사이에 뭐 낀 것 같아.
2 이 사이에 팝콘 껍질이 낀 것 같아.

● 짧은 대화 ☐

A Do I **have** broccoli **in my teeth**?
B Nope. You're good.

A 나 이 사이에 브로콜리 낀 거 있어?
B 아니, 없어. 깨끗해.

● 짧은 상황 ☐

I went on a blind date today, and it went really well. The guy was nice, and we talked for hours. But when I got home, I saw I **had a piece of steak in my teeth**, and now I feel embarrassed.

오늘 소개팅을 했는데 분위기가 정말 좋았다. 남자도 괜찮았고, 우리는 몇 시간이나 이야기를 나눴다. 그런데 집에 와서 보니 이 사이에 스테이크 조각이 껴 있었다. 지금 생각하니 너무 민망하다.

● 한번 해볼까요? ☐

A   사진작가가 곧 사진 찍을 거래.
      The photographer is about to take some photos.

B   그래? 거울 좀 볼 수 있을까? 이 사이에 뭐 낀 거 없나 보려고.
      He is? Can I have a mirror? _____
      _____

Ans I want to make sure I don't have any food in my teeth.

93

빵 터졌어.

이 말, 영어로 뭐라고 할까요?

머릿속
언어 바꾸기

● **Teacher Joe's Tip** ☐

상대가 웃긴 농담을 던진 상황이라면 영어로 이렇게 반응할 수 있어요. That's a good one. '그거 진짜 웃기다', '빵 터졌어'라는 뜻으로 **상대의 농담이나 유머에 웃으며 맞장구칠 때 쓰는 표현**이에요. 예를 들어, 아재 개그가 생각보다 웃겼다면 이렇게 말할 수 있어요. That dad joke was actually funny. That's a good one. (그 아재 개그 생각보다 웃겼어. 빵 터졌어.) 그런데 이 표현은 반어적으로도 쓰여요. 말도 안 되는 얘기를 들었을 때 웃으며 빈정댈 수 있죠. You're going to finish writing a book in one day? That's a good one. (하루 만에 책을 다 쓴다고? 웃기고 있네.) 이처럼 That's a good one.은 진짜 웃길 때도, 믿기 힘든 말을 비꼴 때도 쓰여요. 진짜 웃긴 건지 빈정대는 건지는 상황과 말투를 보면 금방 알 수 있겠죠?

● **Think in English** ☐

"That's a good one." is said when someone says something funny or clever. It shows **you liked their joke or smart comment**. But people also use it sarcastically to gently tease someone for saying something silly or impossible.

That's a good one.은 누군가 재미있거나 기발한 말을 했을 때 쓰는 표현이에요. 그 사람의 농담이나 재치 있는 말이 마음에 들었다는 걸 보여줘요. 하지만 말도 안 되는 이야기나 어이없는 말을 했을 때 장난스럽게 비꼬는 의미로 쓰이기도 해요.

입까지
연결하기

● 짧은 문장 ☐

1   Your diet starts tomorrow? **That's a good one.**
2   My teacher joked that his smartphone is smarter than he is. **That was a good one!**

1   내일부터 다이어트 시작한다고? 웃기고 있네.
2   선생님이 자기보다 스마트폰이 더 똑똑하대요. 진짜 빵 터졌어요!

● 짧은 대화 ☐

A   Did you hear that the golfer brought two pairs of pants in case he got a hole in one?
B   **That's a good one.**

A   그 골퍼 혹시 홀인원할까 봐 바지 두 벌 챙겨왔다는 얘기 들었어?
B   아 뭐야, 완전 웃겨.

● 짧은 상황 ☐

My mom tried to cheer me up today with a joke because I've been going through a tough time. After her joke, I started laughing and told her that **it was a good one**. She smiled, and I think she felt happy to see me laugh.

요즘 내가 힘든 시간을 보내고 있어서, 엄마가 농담으로 나를 웃겨 보려고 했다. 엄마 농담을 듣고 웃음이 났고, 빵 터졌다고 엄마한테 말했다. 엄마는 미소 지으셨고, 내가 웃는 모습을 보고 기뻐하시는 것 같았다.

● 한번 해볼까요? □

A 나도 TV에 나온 저 커플처럼 춤출 수 있을 것 같아. 쉬워 보여.
　I could dance like that couple on TV. It looks easy.

B 빵 터졌네. 꿈에서나 가능할 듯?
　_____ Maybe in your dreams!

Ans That's a good one.

여행 유튜브 촬영 중,
카메라를 들고 객실을 소개하며 진행자 톤으로

LECTURES
91-95

와이파이와 조식은
객실 요금에 포함돼 있어요.

이 말, 영어로 뭐라고 할까요?

● Teacher Joe's Tip

머릿속 언어 바꾸기

휴대폰을 사면 케이스를 주고, 호텔 요금에 조식이 포함돼 있으며, 헬스장 회원권에 운동복까지 덤으로 주는 상황을 떠올려 보세요. 이런 경우에 딱 맞는 표현이 바로 come with 예요.
A comes with B는 'A를 사면 B가 함께 제공된다'는 뜻으로, **말 그대로 '자동으로 딸려온다'는 뉘앙스**를 줘요. 예를 들어, 케이크를 살 때 초가 포함되는지 궁금하다면 이렇게 물어볼 수 있어요.
Could you ask the baker if the cake comes with free candles? (케이크 사면 초도 같이 주는지 빵집에 물어봐줄래?)
즉, come with는 something is included together with something else, '어떤 것이 다른 것과 함께 자연스럽게 따라오는 상태'를 표현할 때 쓰는 말이에요. 다음번에 휴대폰을 사거나 호텔을 예약할 때 "Does it come with…?"라고 물어보세요. 간단하지만 꼭 필요한 상황에서 바로 써먹을 수 있는, 아주 실용적인 표현이에요.

● Think in English

"Come with" means that something is included together with something else. It shows that when you buy or get one thing, **you automatically get another thing too**. We often use it to talk about products, services, or features that are part of a package or deal.

come with는 어떤 것에 다른 것이 함께 포함되어 있다는 뜻이에요. 무언가를 사거나 받을 때, **다른 것도 자동으로 함께 따라온다**는 의미예요. 상품, 서비스, 기능처럼 패키지나 계약에 포함된 구성 요소를 말할 때 자주 써요.

입까지
연결하기

● 짧은 문장 ☐

1   I hate that these toys don't **come with** batteries.
2   Your gym membership **comes with** workout clothes and you can use the towels.

1   이런 장난감에 건전지 안 들어 있는 거 진짜 짜증 나.
2   헬스장 회원권에는 운동복이 포함돼 있고 수건도 쓸 수 있어요.

● 짧은 대화 ☐

A   If you order the car, it will **come with** built-in GPS and a rearview camera.
B   That sounds like a good deal!

A   그 차 주문하시면 내장형 GPS랑 후방 카메라는 기본으로 달려 있어요.
B   오, 괜찮네요!

● 짧은 상황 ☐

I'm going on a backpacking trip next month, so I have been searching for a new backpack. The one I found **comes with** extra pockets, a cord to connect to a power bank, and a cover for the rain. It's over a hundred dollars, but I think I'll get it.

다음 달에 백패킹을 갈 예정이라 새 배낭을 알아보고 있었다. 괜찮은 걸 하나 찾았는데, 추가 포켓이 달려 있고, 보조 배터리와 연결할 수 있는 선이랑 비를 막아주는 커버까지 있다. 100달러가 넘지만, 그래도 살까 싶다.

● 한번 해볼까요?

A 와이파이는 따로 요금을 내야 하나요?
A Do we have to pay extra for Wi-Fi?
B 아뇨. 와이파이와 조식은 객실 요금에 포함돼 있어요.
B No. _____

Ans The room comes with free Wi-Fi and breakfast.

95

책을 읽으려고 카페에 앉았는데, 결국 폰만 들여다보다가 두 시간 훌쩍 지난 걸 깨닫는 순간

Learn fast with YouTube

LECTURES 91-95

가끔 보면, 나도 모르게 폰 화면만 한참 들여다보고 있네.

이 말, 영어로 뭐라고 할까요?

● **Teacher Joe's Tip**　☐

머릿속
언어 바꾸기

짧은 영상 보다가 몇 시간이 훌쩍 지나간 적 있지 않나요? 이렇게 어느 순간 나도 모르게 뭔가를 하고 있을 때는 〈find oneself + 동명사〉 패턴을 써보세요. 직역하면 '자신이 ~하고 있는 걸 발견하다'지만, 실제로는 **'어느새 나도 모르게 ~하고 있다'**는 뜻이에요. 예를 들어, 고향 친구들을 만나면 시간 가는 줄 모르고 수다를 떨게 되죠. 이럴 땐 이렇게 말할 수 있어요. We often find ourselves talking for hours when we hang out. (우리는 만나면 종종 몇 시간씩 수다를 떨고 있어요.) 이 표현은 일상에서 정말 다양하게 쓸 수 있어요. 예를 들어, 퇴근 후 소파에 앉았다가 유튜브를 켰는데 정신 차려보니 새벽 2시라면 이렇게 말하죠. I found myself watching random videos until 2 a.m. (정신 차려보니 새벽 2시까지 아무 영상이나 보고 있었어요.) 여러분도 모르게 자주 하게 되는 행동이 있나요? 그걸 이 패턴에 넣어 영어로 표현해 보세요. 생각보다 훨씬 자연스럽게 말이 나올 거예요!

● **한번 해볼까요?**　☐

The phrase "find oneself doing something" means you suddenly realize you are doing something. It describes a situation **where you notice you're doing something you didn't plan to do**. People often use it for habits or actions that happen naturally without thinking.

find oneself doing something은 어느 순간 자신이 무언가를 하고 있다는 걸 문득 깨닫는 걸 의미해요. **계획하지 않았던 일을 하고 있는 자신을 인식하게 되는** 상황을 나타내요. 생각 없이 습관적으로 하게 되는 행동이나 자연스럽게 하는 일에 대해 말할 때 자주 쓰여요.

입까지
연결하기

● 짧은 문장 ☐

1   Sometimes, I **find myself biting** my nails.
2   After a long day, he often **found himself falling** asleep on the sofa.

1   가끔 보면, 나도 모르게 손톱을 물어뜯고 있어.
2   긴 하루를 보낸 후, 그는 자주 소파에 누워 그대로 잠들곤 했다.

● 짧은 대화 ☐

A   There are so many stray cats in this small town. I think the locals take care of them.
B   That's good because I **find myself petting** them a lot.

A   이 작은 동네에 길고양이가 정말 많아. 지역 사람들이 챙겨주는 것 같아.
B   그거 다행이다. 나도 모르게 자꾸 쓰다듬게 되더라고.

● 짧은 상황 ☐

My city's mayor asked me and other artists to paint a mural on a wall in the playground. It's been a very fun project, but sometimes I **find myself forgetting** to take breaks. I love painting, but I need to remember to rest my arms and hands.

우리 시의 시장님이 나와 다른 예술가들에게 놀이터 벽에 벽화를 그려달라고 요청했다. 정말 재미있는 프로젝트지만, 가끔 쉬는 걸 깜빡하고 계속 작업하게 된다. 그림 그리는 건 정말 좋아하지만, 팔과 손도 잊지 않고 잘 쉬게 해주려고 한다.

● 한번 해볼까요?

A 가끔 보면, 나도 모르게 폰 화면만 한참 들여다보고 있어.

___

Ans Sometimes I find myself staring at my phone's screen for too long.

B 나도 그래. 좀 지나면 눈이 아프더라고.
Me, too. It makes my eyes hurt after a while.

친구 집에 이사를 도와주러 갔는데, 그는 상자 하나하나에 라벨을 붙이고 색깔별로 분류합니다. 그 모습에 감탄하며 다른 친구에게

그는 정리에 진심이야.

이 말, 영어로 뭐라고 할까요?

● **Teacher Joe's Tip**

머릿속 언어 바꾸기

주변에 꼭 한 명씩 정리에 진심인 사람이 있죠. 쓴 물건은 칼같이 제자리에 두고, 수납 도구까지 총동원해 공간을 알뜰하게 활용하는 사람 말이에요. 이런 사람에게 어울리는 형용사가 바로 passionate예요. 예를 들어, 정리에 진심이라면 이렇게 표현할 수 있어요. He's very passionate about organizing. (그는 정리에 정말 진심이에요.) 돈을 아끼는 데 열정적인 사람도 마찬가지예요. 가계부를 꼼꼼히 쓰고, 할인 쿠폰까지 챙기는 사람을 떠올려 보세요. 이렇게 표현할 수 있죠. She's super passionate about saving money. (그녀는 돈을 아끼는 데 정말 열정적이에요.) 그냥 like를 쓰면 '좋아한다'는 정도로 끝나지만, passionate는 **좋아하는 걸 넘어서 '진심으로 열정을 쏟는다'는 뉘앙스**를 줘요. 여러분은 운동, 공부, 취미… 어떤 일에 진심인가요? 예를 들어, I'm passionate about learning English. (저는 영어 공부에 진심이에요.) 이렇게 자신만의 문장으로 만들어보면 훨씬 더 자연스럽게 입에 붙을 거예요!

● 한번 해볼까요?

The phrase "be passionate about" means you really love or care deeply about something. It shows **strong interest and dedication, much stronger than just "like."** Native speakers often use this in job interviews or when talking about hobbies and interests.

be passionate about은 어떤 것을 정말 사랑하거나 아끼는 것을 의미해요. **like라고 하는 것보다 훨씬 더 강한 관심과 헌신**을 나타내요. 원어민들은 면접 자리에서나, 취미나 관심사를 이야기할 때 이 표현을 자주 써요.

입까지
연결하기

● 짧은 문장 □

1   I'm passionate about rescuing stray animals.
2   John's very passionate about politics and likes to follow election news.

1   전 유기 동물들 구조하는 일에 진심이에요.
2   John은 정치에 무척 열정적이어서 선거 뉴스도 꼭 챙겨보는 편이에요.

● 짧은 대화 □

A   Why did you volunteer to lead the beach clean up project?
B   I'm very passionate about keeping our oceans and seas clean.

A   해변 정화 프로젝트에는 왜 자원했나요?
B   바다를 깨끗하게 지키는 일에 진심입니다.

● 짧은 상황 □

Today, I went out to Paju to try to see the northern lights. Many people don't know this, but I'm really passionate about astronomy. They're supposed to appear tomorrow, and I'm currently making sure all my cameras and equipment are ready!

오늘은 오로라를 보러 파주에 갔다. 사람들은 잘 모르는데, 난 천문학에 정말 진심이다. 내일 오로라가 보인다고 해서, 지금 카메라랑 장비를 전부 점검 중이다!

● 한번 해볼까요?

A   Tony 사무실 진짜 대박이다. 이렇게 깔끔한 방은 처음 봐.
    Tony's office looks amazing. I've never seen such a tidy room.
B   그는 정리에 진심이야.

Ans He's very passionate about organizing.

97

서울재즈페스티벌 티켓을
겨우 구했어.

친구들과 단톡방에서 "우리 이번엔 재즈페스 가자!" 하고 얘기하다가, 어렵게 예매 성공 소식을 전하며

LECTURES 96-100

이 말, 영어로 뭐라고 할까요?

● **Teacher Joe's Tip** ☐

머릿속
언어 바꾸기

좋아하는 가수 콘서트 티켓을 '겨우' 예매했을 때, 중요한 프로젝트를 '간신히' 마감했을 때, 또는 아침 첫 지하철을 '가까스로' 잡았을 때, 이런 상황에 꼭 어울리는 영어 표현이 있어요. 바로 manage to예요. **우리말의 '겨우, 간신히, 가까스로'에 해당**하죠. 영어식 사고로 보면 succeed in doing something hard, 즉 '어려운 일을 성공적으로 해내다'라는 의미예요. 예를 들어, 인기 콘서트 티켓을 어렵게 예매했다면 이렇게 말할 수 있어요. I managed to get tickets for the concert before they sold out. (매진되기 전에 겨우 콘서트 티켓을 구했어요.) 뜻은 succeed와 비슷하지만, succeed는 회화에서 다소 딱딱하게 들릴 수 있어요. 반면 manage to는 일상 대화에서 자연스럽고, '간신히 해냈다'는 성취감을 생생하게 담아내죠. 그러니 일상에서 이런 상황을 말할 땐 manage to를 활용해보세요. 간단하면서도 감정을 정확히 전달할 수 있는 표현이에요.

● 한번 해볼까요? ☐

The phrase "manage to" means you succeeded in doing something hard. It shows that **it wasn't easy and maybe you had some trouble**. People use this expression a lot in everyday English.

manage to는 어려운 일을 어떻게든, 간신히 해냈다는 뜻이에요. **쉽지 않고 중간에 어떤 어려움을 겪었다**는 것을 보여주기도 해요. 일상 대화에서 정말 자주 쓰이는 표현이에요.

입까지
연결하기

● 짧은 문장 ☐

1   I **managed to** finish cooking all of the side dishes for Chuseok.
2   They **managed to** find their way back to the hotel after getting lost.

1   추석 음식 준비를 겨우 다 마쳤어.
2   그들은 길을 잃었는데, 간신히 호텔까지 다시 찾아갔어요.

● 짧은 대화 ☐

A   How did your language exam go?
B   It was tough, but I **managed to** answer all of the questions before time ran out.

A   어학 시험은 어땠어?
B   어렵긴 했는데, 시간 다 되기 전에 어떻게든 다 풀었어.

● 짧은 상황 ☐

My company has been having supply delays lately, so my boss asked me to call our customers to let them know. He gave me a list of fifty phone numbers! Somehow, I **managed to** call each one before the end of the day.

요즘 우리 회사에 공급 지연이 계속돼서, 상사가 고객들에게 연락하라고 했다. 무려 전화번호 50개가 적힌 리스트를 줬다! 어찌어찌 해서 퇴근 전까지 간신히 전화를 다 끝냈다.

● 한번 해볼까요?

A 서울재즈페스티벌 티켓을 겨우 구했어.

B 진짜? 난 이미 다 매진된 줄 알았는데!
Really? I thought they were already sold out!

Ans I managed to get tickets for the Seoul Jazz Festival.

친구가 "오늘 왜 이렇게 기운 없어 보여?"라고 묻자 커피를 한 모금 마시며

이상하게 오늘따라 너무 피곤했어.

이 말, 영어로 뭐라고 할까요?

머릿속
언어 바꾸기

● **Teacher Joe's Tip**

이유 없이 유독 피곤한 날이 있죠. 별일 없었는데 휴대폰이 자꾸 말썽을 부릴 때도 있고요. 이럴 때 원어민이 자주 쓰는 표현이 바로 for some reason 이에요. 처음 보면 reason이 들어 있어서 **'이유가 있다'고 생각할 수 있지만, 실제 뉘앙스는 그 반대** 예요. for some reason은 '왜 그런지 모르겠지만' 이라는 뜻이죠. 즉, '이유는 알 수 없다'는 느낌이에요. 예를 들어, 이유는 알 수 없지만 버스가 전부 늦게 왔다면 이렇게 말할 수 있어요.
For some reason, all of the buses were late today.
(왜 그런지 모르겠지만 오늘은 버스가 전부 늦었어요.)
영어식 사고로 보면 I don't know exactly why와 같은 느낌이에요. 특히 예상치 못한 상황이나 설명이 잘 안 되는 일에 자주 쓰이죠.
다음에 비슷한 상황이 생기면 꼭 한번 써보세요!

● 한번 해볼까요?

The phrase "for some reason" means that something happened or is true, but we don't know exactly why. It shows surprise, confusion, or frustration about the situation. It adds a feeling of mystery and tells the listener that **the speaker doesn't really know what's going on**.

for some reason은 어떤 일이 일어나거나 사실이긴 한데, 그 정확한 이유를 모른다는 뜻이에요. 이 표현은 상황에 대한 놀람, 혼란스러움, 답답함 등을 나타낼 수 있어요. 왜 그런지 알 수 없는 미스터리한 느낌을 주기도 하고, **화자가 상황을 완전히 파악하지 못했다**는 뉘앙스를 전달해요.

입까지
연결하기

● 짧은 문장 ☐

1   I think he's mad at me **for some reason**.
2   **For some reason**, my computer wouldn't turn on this morning.

1   왠지 걔 나한테 화난 것 같아.
2   이상하게 아침에 내 컴퓨터가 안 켜졌어.

● 짧은 대화 ☐

A   Why is the Internet so slow today?
B   **For some reason**, the router keeps disconnecting.

A   오늘따라 인터넷이 왜 이렇게 느리지?
B   이상하게 공유기 연결이 계속 끊기네.

● 짧은 상황 ☐

I felt a little sad today **for some reason**. Maybe it's because the weather hasn't been great lately. A nice walk might cheer me up if it's sunny this weekend.

오늘은 왠지 모르게 좀 우울했다. 요즘 날씨가 계속 흐려서 그런가 보다. 주말에 해가 나면, 산책하면서 기분이 나아지지 않을까 싶다.

- 한번 해볼까요? ☐

A 이상하게 오늘따라 너무 피곤했어.

B 흠, 어젯밤에 잠을 잘 못 잔 거 아냐?
  Hm. Maybe you didn't sleep very well last night.

Ans I felt really tired today for some reason.

문제는 이번 주말에 문을 안 여는 것 같아.

이 말, 영어로 뭐라고 할까요?

● **Teacher Joe's Tip** ☐   　　　　　　　　머릿속
　　　　　　　　　　　　　　　　　　　　언어 바꾸기

주말에 소풍을 가고 싶은데 비가 온다는 소식을 들었다고
해볼게요. 영어로는 이렇게 표현할 수 있죠. We want to
have a picnic this weekend. It's supposed to rain.
이 두 문장을 자연스럽게 이어주려면 보통 but을
쓰면 돼요. 그런데 조금 더 강조해서 말하고 싶다면
the problem is를, 말투를 부드럽게 하고 싶다면 the thing is를
써보세요. 예를 들어 이렇게 말할 수 있어요.
We want to have a picnic this weekend. The thing is, it's
supposed to rain. (주말에 소풍 가고 싶은데, 문제는 말이야… 비가 온대.)
the thing is는 단순히 상황을 설명할 때뿐 아니라,
살짝 반전을 주거나 속마음을 조심스레 꺼낼 때도
자주 쓰여요. 핑계나 변명, 설명을 시작할 때
분위기를 자연스럽게 누그러뜨려 주는 표현이죠.
다음에 대화 중에 말문이 막히거나 조심스럽게
말을 꺼내고 싶을 땐 이렇게 시작해 보세요.
The thing is… 이렇게만 해도 대화가 훨씬
부드럽게 이어질 거예요.

● **한번 해볼까요?** ☐

The phrase "The thing is…" is used to introduce the main
reason, problem, or important point about something. We
use it **to add extra information that explains or changes
what we just said**. It is a polite, natural way to explain why
something is difficult or why we cannot do something.

The thing is…는 어떤 일의 주된 이유나 문제, 중요한 요점을 소개할 때 쓰는 표현이에요.
방금 한 말을 설명하거나 그 내용을 바꿔주는 추가 정보를 덧붙일 때 유용해요. 어떤 일이
왜 어려운지, 혹은 왜 할 수 없는지를 부드럽고 자연스럽게 설명할 수 있어요.

입까지
연결하기

● 짧은 문장

1   He said he would pick me up from work today. **The thing is**, he's busy.
2   I'd really like to join your party this weekend. **The thing is**, I have a really big meeting on Monday I need to prepare for.

1   걔가 오늘 퇴근할 때 데리러 온다고는 했는데, 문제는 걔가 바쁘다는 거야.
2   이번 주말에 네 파티에 정말 가고 싶은데, 실은 월요일에 중요한 회의가 있어서 준비를 좀 해야 해.

● 짧은 대화

A   You said you would drive us to the beach. Why are you canceling?
B   I did say that. **The thing is**, I'm sick and have a fever.

A   해변에 데려다주기로 했잖아. 왜 이제 와서 취소야?
B   그랬지. 실은 내가 아프고 열도 나.

● 짧은 상황

I just moved to Berlin two days ago. I wanted to buy some food, but all the stores were closed. **The thing is**, apparently everyone rests on Sundays in Germany.

이틀 전에 막 베를린으로 이사 왔다. 음식을 좀 사려고 했는데, 가게가 다 닫혀 있었다. 사실 독일에서는 일요일마다 쉬는 게 보통이다.

● 한번 해볼까요?

A 일요일에 코스트코 갈까?
Why don't we go to Costco on Sunday?

B 나도 가고 싶긴 한데, 문제는 이번 주말에 문을 안 여는 것 같아.
I'd like to go to Costco. _____
_____

Ans The thing is, I think they're closed this weekend.

보통 Zipcar를 이용하는데, 진짜 좋아.

친구들과 여행 계획을 짜다가 이동 수단 얘기가 나옵니다.
다들 고민하는데 웃으며 한마디

LECTURES 96-100

이 말, 영어로 뭐라고 할까요?

● Teacher Joe's Tip

머릿속 언어 바꾸기

영어로 말할 때 처음부터 끝까지 문장을 머릿속에 완벽히 만들어 놓고 말하는 사람은 거의 없어요. 그래서 **말하는 중간에 생각을 덧붙이거나 감정을 추가하는 부연 설명**이 자연스럽게 들어가죠. 이럴 때 유용한 게 바로 〈which + 부연 설명〉이에요. 예를 들어, 10월인데 오늘 눈이 내린 상황을 생각해 볼까요? 정말 드문 일이겠죠? 이걸 하나의 문장으로 표현하면 이렇게 돼요. It snowed today, which is unusual. (오늘 눈이 내렸는데, 정말 드문 일이에요.) 또 다른 예로, 팀장님이 회의를 취소했는데 그게 고마운 상황이라면 이렇게 말할 수 있어요. My boss canceled our meeting, which is nice because I was so busy. (팀장님이 회의를 취소하셨는데, 바빴던 저에겐 정말 다행이에요.) 이처럼 〈which + 부연 설명〉은 문장을 자연스럽게 이어주고, 짧은 문장들을 하나로 묶어 더 풍부하게 표현할 수 있게 해줘요. 단순한 사실만 나열하는 영어에서 벗어나, 감정과 생각이 담긴 자연스러운 영어로 업그레이드할 수 있는 방법이에요.

● 한번 해볼까요?

We can use the structure "S+V, which is…" **to add extra information about the main idea**. The part before "which" is a complete sentence, and the "which" part gives more details or explains it. This makes the sentence smoother and sound more natural.

'S+V, which is…'는 주된 내용에 추가 정보를 덧붙이는 표현이에요. which 앞부분은 완전한 문장이고, which 뒤에는 그 내용을 더 자세하게 설명하거나 부연하는 말이 나와요. 이렇게 하면 문장이 더 부드럽고 자연스럽게 들려요.

입까지
연결하기

● 짧은 문장 □

1 Her parents are visiting, which is very exciting.
2 My boyfriend bought me a necklace, which is sweet.

1 그녀의 부모님이 오신다니, 너무 기대돼.
2 남자 친구가 목걸이를 사줬어, 진짜 다정해.

● 짧은 대화 □

A The email says there will be free coffee at the conference, which is nice.
B That is nice. Coffee will help us stay awake during boring presentations.

A 이메일 보니 컨퍼런스에서 커피가 무료로 나온대요. 좋네요.
B 그러게요. 발표가 좀 지루할 수도 있는데, 커피가 잠 깨우는 데 도움이 되겠어요.

● 짧은 상황 □

Today, my whole family visited me, which was lovely. I cooked for them, but the only problem was that I forgot my grandfather couldn't have any beef. It turned out okay, but I'll remember next time.

오늘 온 가족이 나를 보러 왔는데, 정말 반가운 시간이었다. 내가 식사 준비를 했는데, 할아버지가 소고기를 못 드신다는 걸 깜빡한 게 문제였다. 다행히 별일은 없었지만, 다음엔 꼭 기억해야겠다.

● 한번 해볼까요? ☐

A 한국에서 렌터카 빌려본 적 있어?
Have you ever rented a car in Korea?

B 응. 보통 Zipcar를 이용하는데, 진짜 좋아.

Yes. _____

Ans We usually use Zipcar, which is amazing.